Jacob Fidelis Ackermann

Über die Kretinen,

eine besondere Menschenabart in den Alpen

Jacob Fidelis Ackermann

Über die Kretinen,
eine besondere Menschenabart in den Alpen

ISBN/EAN: 9783742890276

Hergestellt in Europa, USA, Kanada, Australien, Japan

Cover: Foto ©ninafisch / pixelio.de

Manufactured and distributed by brebook publishing software
(www.brebook.com)

Jacob Fidelis Ackermann

Über die Kretinen,

J. F. Ackermann,

der Arzneigelahrtheit Doktor, Mitglied der medizinischen
Fakultät zu Mainz,

über die

Kretinen,

eine besondre

Menschenabart in den Alpen.

Mit Kupfern.

Gotha,

in der Ettingerschen Buchhandlung.

1790.

Dem

Hochwürdigen Herrn

Johann Jakob Fink,

am

kaiserlichen freyen Wahl- und Krönungsstifte
St. Bartholomäus zu Frankfurt
am Main

Kanonikus und Scholaster,

Meinem

Hochzuverehrenden Herrn Oheim.

Hochwürdiger,

Hochzuverehrender Herr Oheim!

In der Verlegenheit, wie ich das Gefühl der Hochschätzung, der Dankbarkeit, und meiner Liebe gegen Sie recht lebhaft darstellen sollte, fand ich zuletzt, daß ich auf keine Weise den Grad von Ergebenheit auszudrücken im Stande sey, von dem ich mich doch so innig überzeugt finde. — Wenn ich es nun in diesem Drange von Empfindungen wage, Ihnen dies kleinere Produkt meines Beobachtungs-Geistes vorzüglich zu weihen, so trage ich nur einen ganz unbedeutenden Theil meiner Schuld ab, und ich weiß es zum Voraus nur allzusehr, wie weit mein guter Wille von seinem Ziele noch entfernt bleibt.

Doch

Doch ich habe schon so viele Beweise Ihrer Güte genossen, daß ich auch hier in vollem Zutrauen bitte, mich mit Nachsicht zu behandeln, — und zum Theil den herzlichen Wunsch für die Sache selbst, — das glühende Bestreben für die That gelten zu lassen. Ich bin im Gefühle der reinsten Ehrerbietung

Meines Hochwürdigen,

Hochzuverehrenden Herrn Oheims

gehorsamster

J. F. Ackermann.

Vor-

Vorrede.

Die Unglücklichen, welche den Gegenstand dieser Abhandlung ausmachen, zogen schon lange das mitleidige Staunen des Fremden — und hauptsächlich die Aufmerksamkeit des reisenden Naturforschers auf sich. Herr von Saussure äußert den sehnlichen Wunsch, durch Zergliederung eines solchen Geschöpfes die im Körperbau liegende Grundursache ihrer Schwächlichkeit und Blödsinnigkeit entdeckt zu sehen.

Als

Als ich im vorigen Jahre durch Italien reiste, zeigte mir Herr Gubernialrath Frank bey meinem Aufenthalte in Pavia zween Köpfe von Kretinen, welche ihm Herr Malacarne aus Turin zugeschickt hatte. Diese Schädel schienen mir so sehr verunstaltet, und so sonderbar verändert, daß ich es für sehr der Mühe werth hielt, diese so ansehnliche Abweichung vom natürlichen Bau genauer zu durchsuchen, und nach der Natur mit aller mir möglichen Deutlichkeit zu beschreiben. Es fiel mir sehr auf, am untern Schädelgrunde einen sehr merklichen Eindruck zu sehen, gerade an einer Stelle, welche die wichtigste am ganzen Kopfe ist, an dem Vereinigungs-Orte des gesammten Gehirnmarks, am Ursprunge aller Nerven.

Von diesem Augenblicke an faßte ich den Vorsatz, bey meiner Rückreise durch die Schweiz die Wohnplätze der Kretinen selbst zu besuchen, und mich genau von all den Umständen zu unterrichten, welche als äußere Ursachen zu der Bildung der Einwohner

etwas

etwas beytragen konnten. Ich durchreiste dieses für den Naturforscher so äußerst wichtige Land nach verschiednen Richtungen, und fand auch wirklich, daß in manchen Gegenden diese Unglücklichen nicht unbekannt waren, obschon mir nicht überall welche zu Gesicht gekommen sind. Im Gouvernement Aigle und dem untern Wallis traf ich sie endlich in großer Menge, — ich merkte mir genau alle die Erscheinungen, die mir diese Elenden lieferten, und alle Umstände, welche auf sie wirken konnten, um mir die Ursache einer Krankheit zu erklären, deren Wirkungen ich schon gesehen hatte. Ich muß gestehen, daß ich diese Gegenden schon verlassen hatte, ohne mir meine Fragen beantworten zu können, obgleich ich meine Wißbegierde so gerne befriedigt gesehen hätte, und es darum auf meiner Seite an Untersuchungen und Nachdenken nicht fehlen ließ. Alles, was ich dazumal als Erklärung der Entstehung dieses Uebels anwenden wollte, fand ich unzureichend, und konnte mich leicht selbst widerlegen, wenn ich mich andrer

A 5

Gegen=

Gegenden erinnerte, wo ähnliche Ursachen nicht die nämlichen Wirkungen erzeugt hatten.

Ich hatte meine Schweizerreise schier geendet, als einer unsrer ersten Naturforscher, Herr Bonnet, welchen ich zu Genthod am Genfersee besuchte, mich von neuem aufmunterte, einen so wichtigen Gegenstand nicht außer Augen zu lassen. Ich griff die Sache nun auf einer ganz andern Seite an, ich verglich die im Körper der Kretinen bemerkten Veränderungen mit ähnlichen Erscheinungen, welche man in unsern Gegenden antrifft, und suchte nun, ob die nämlichen Ursachen in den Alpen herrschten, die bey uns diese Veränderungen zu erzeugen pflegen. Nun sah ich mit Verwundern, wie ich mir selbst im Wege stand; ich war vorhin mit einer so alltäglichen Ursache nicht zufrieden, weil ich mir einbildete, eine so große Verunstaltung müßte sicher auch durch hervorstechende Ursachen bewirkt werden, welche man nicht überall fände, — die einem jeden, der den Aufenthalt der Kretinen bereiste, gleich in die Augen

gen fallen müßten. Ich dachte nicht, daß eine nur stärker wirkende sonst allgemeine Ursache so auszeichnende Wirkungen hervorbringen könnte.

Ich ging nun auf dem Wege fort, den ich einmal betreten hatte, ich folgte dem Lichte, welches anfangs nur sehr schwach meine Bahn beleuchtete, und so hatte ich bald das Vergnügen, durch Zusammenhaltung beyderseitiger Bemerkungen und richtig daraus gefolgerter Schlüsse alle Finsterniß zerstreut, und ein helles Licht um mich verbreitet zu sehen, — ein Vergnügen, welches nur der in seinem ganzen Umfange fühlt, welcher lange die Wahrheit gesucht, und endlich durch eignes Nachforschen sich völlige Ueberzeugung verschafft hat.

In Rücksicht auf die Ordnung, welche ich in dieser Abhandlung eingehalten habe, bin ich dem nämlichen Ideengange gefolgt, der mich zur Wahrheit leitete. Erst zeige ich die Wohnplätze der Kretinen in den Alpen, dann suche ich mit aller mir

mög=

möglichen Genauigkeit und der erforderlichen Deutlichkeit die anatomische Beschreibung von jenen widernatürlichen Veränderungen zu entwerfen, welche man
in dem Körper dieser Unglücklichen antrifft. Aus
dem Bau derselben leite ich alle die Erscheinungen
her, welche die Kretinen so auffallend auszeichnen;
dann folgt die genauere Bestimmung des Uebels,
und die endemischen Ursachen, welche dasselbe nur in
den tiefen Thälern der Alpen hervorbringen. —
Wenn ich vielleicht in Ansehung des Ganzen bey der
Beschreibung der Krankheit zu weitläuftig gewesen
bin, so hoffe ich aus dem Grunde Nachsicht zu ver-
dienen, weil ich nirgendwo sowohl den veränderten
Zustand des Körpers genau angegeben, noch die Ursachen dieser Krankheit gehörig erklärt gefunden habe; — auch glaube ich dadurch einiges Licht über das
schwere Geschäft der Ernährung und Absondrung
verbreitet zu haben, und dem Menschenkenner, der
kein Arzt ist, nützlich gewesen zu seyn.

Die

Die sardinische Regierung scheint jetzt mehr, als jemals, ihr Augenmerk auf die in ihrem Staate lebenden unglücklichen Bürger gerichtet zu haben. Sie hat zwar schon vor einem Jahre die Wundärzte des Augster Thals aufgemuntert, aufmerksam auf dieses Uebel zu seyn; so wie ich aber jetzt aus neuern Nachrichten vernehme, so sollen auch viele Gelehrte in Turin sich bemühen, die physischen Ursachen dieses Uebels zu ergründen; außer Herrn Malacarne, sollen die Herrn Baille, Billiot Graf de la Motte, und Doktor Forvi sich ernsthaft mit diesem Gegenstande beschäftigen, in der lobenswürdigen Absicht, nach einer richtigen Erkenntniß der Ursachen in den Stand gesetzt zu werden, der leidenden und bis hiehin aller Hülfe beraubt gewesenen Menschheit durch zureichende und angemeßne Mittel beyspringen zu können. *)

Auch

*) Giornale scientifico letterario et delle arti in Torino Tom. II. p. 2.

Auch ich, obgleich ein Frember, würde mich glücklich schätzen, wenn ich durch eine nähere Bestimmung der Krankheit und sorgfältigere Erforschung der Krankheitsursache diese redlichen Menschenfreunde ihrem Endzweck näher geführt hätte.

Mainz, im März 1790.

Ueber

Ueber die
Kretinen der Alpen.

———

Erziehung, Sitten, Gebräuche, Nahrungsmittel und Klima haben sicherlich einen großen nie verkannten Einfluß auf die Bildung des menschlichen Körpers. — Von diesen äußern Einwirkungen leitet man mit Recht die so verschiednen Abänderungen des Menschenstammes, welche man auf unserm Planeten antrifft. 1) Sehr auffallend sind diese Unterschiede, wenn man die Bewohner weit entlegner Länder mit einander vergleicht, weil auch die äußern auf die Einwohner eines jeden Landes wirkenden Dinge um so mehr abweichen, je größer die Entfernung eines Ortes vom andern ist. Aus der entgegengesetzten Ursache ist dieser Unterschied in angränzenden Ländern nicht so groß, und daher verlie-

1) Blumenbach de generis humani varietate nativa. Goettingae 1775.

verlieren sich auch die feineren Schatten der Abänderungen unmerklich in einander, und verschwinden gleichsam bey Vergleichung der näheren Nebenwohner dem sorgfältigen Auge des Forschers. Vom kalten Nordpole an bis unter die Linie hin wird man zwar immer das Menschengeschlecht sich abändern finden; aber so äußerst schwer es seyn wird, einen Nachbar vom andern durch seine spezifiken Kennzeichen zu unterscheiden, so leicht und hervorstechend ist der Unterschied zwischen dem gestauchten Grönländer, und den schlanken Bewohner der Küste von Guinea. Das weißeste Kolorit des teutschen Mädchens geht durch die gelbe, rothe, braune Gesichtsfarbe verschiedner Nazionen unmerklich, und stufenweis in die gesättigte schwarze Farbe der Neger über. 2) Dieser unmerkliche Uebergang hängt unstreitig von den allmälig nur auf einander folgenden Graden der äußern Einwirkungen ab, — nur stufenweise wird die Wärme des Himmelsstriches geringer, bis sie dem äußerst möglichsten Grade der Kälte sich nähert, — nach und nach wird die dünnere Luft dichter, der feuchte Dunstkreis reiner und trockner, und von einer Gegend in die andre hin bietet der Boden seinen Bewohnern verschiedne Nahrungsmittel dar,

von

2) Memoires de Trevoux, Tom. 74. pag. 1190., wo die Farben und der Uebergang der einen in die andere stufenweise angesetzt sind.

von der nahrhaften schleimigten Pflanze an, bis zum scharfen minder nährenden Gewürze.

Viel auffallender muß die Verschiedenheit zwischen
Nebenwohnern werden, wenn Ursachen Statt finden, welche sehr merklich ihren Boden, Luft, Klima oder Nahrungsmittel abändern. So sollen die Leute, welche an der
Westseite der Cordilleras gegen das friedsame Meer hin wohnen, weiß, — jene aber, die auf der entgegengesetzten
Seite leben, braun und kupferfarben wie die übrigen Ame-
rikaner aussehen; weil diese den warmen und brennheißen
Winden ausgesetzt sind, jene aber von den Bergen dagegen geschützt werden. 3)

Nirgendwo trifft man unter den Einwohnern so große Verschiedenheiten an, als in gebirgigten Gegenden, weil
in diesen auf einer kleinen Strecke die äußern auf den Körper des Menschen wirkenden Ursachen so sehr abändern.

Ungeheure Schnee- und Eismassen, welche ein fort-
dauernder Sommer eines Jahrhunderts nicht schmelzen
würde, bedecken oder bilden vielmehr die höchsten Gipfel
der Berge. Unter diesen aufgethürmten Eishügeln fließen
überall Bäche, wie unter ausgehöhlten Gewölbern, an den

beyden

---

3) Bouguer Voïage à Perou. Mem. de l'Academie des Science
de Paris 1744. pag. 274.

beyden Seiten der Abhänge der Berge mit großer Geschwin=
digkeit über die Felsen weg, und bald sammeln sie sich in
einen Strom, der unter einer gewölbten Eispforte mit
großer Gewalt hervorbricht. Die Luft ist in dieser Ge=
gend äußerst dünne, und wenn die geraden Sonnenstrahlen
diese Schnee= und Eisfelder nicht erreichen, herrscht allda
eine große Kälte; 4) — werden selbe aber von der Son=
ne beschienen, ist es darauf unausstehlich warm und heiß. 5)

Unter

4) In Rücksicht der Ursache der Kälte auf den Gebirgen herr=
schen verschiedene Meinungen. Die vorzüglichsten darunter
sind jene, die Lambert, de Luc histoire de la terre Tom.
5. Bouguer Voïage au Perou, und Sauſſure Voïages dans
les Alpes Tom. 2. pag. 339. aufgestellt haben.

5) Denjenigen, welche die Alpen bewohnen, oder öfters be=
reisen, ist jene sonderbare Wirkung nicht unbekannt, welche
die Sonnenhitze, die durch die Zurückprallung von der weiß=
sen Schneefläche so beträchtlich vermehrt wird, auf jene
hervorbringt, die unter gemeldeten Umständen einige Zeit
auf diesen weißen Schnee= und Gletscherfeldern verweilen.
Den 14. Julius im vorigen Jahre bestieg ich die höchste
Spitze des so schönen und majestätischen Gletschers am Ur=
sprung des Hinterrheins. Es war ein schöner ganz heller
und heiterer Tag, und die Sonne beleuchtete schon die Gi=
pfel der Berge. Um 8 Uhr hatte ich die Schäfershütte auf
der Alpweide zum Port erreicht, und um 9 den Ort, wo
die ersten Ursprünge des Hinterrheins sich unter Eisbrücken
hervorstürzen. Nach einigen überstiegnen schroffen Felsen
kam ich auf ein unabsehbares Gletscherfeld, welches aber,

da

Unter der Schneegränze sieht man gleich die auf den
Felsen auffitzenden Flechtenmoose den Anfang der Vegeta=
zion machen. Unzählige unter dem Eife hervorquellende
Bäche reiben einen feinen Sand von den Felsen, und in
diesem finden denn mehrere Alpenpflanzen und niedrige
Gräser ihren Standort und Nahrung, welche tiefer nach

B 2   unten

da es eine Nacht vorher geschneyet hatte, mit Schnee eini=
ge Fuß hoch bedeckt war. Ich war kaum eine Stunde über
diese beschneyte Ebne gegangen, so fingen schon meine Au=
gen an zu leiden, sie schmerzten mich, und alle Farben des
Regenbogens spielten vor denselben. Nachdem ich diese
Schneefläche verlassen hatte, mußte ich noch einige Felsen
hinaufklimmen, und kam dann wieder auf verschiedene be=
schneyte Anhöhen und Ebnen, bis ich endlich um 12 Uhr Mit=
tags den höchsten Gipfel, das zum Porthorn erreichte.
Hier verweilte ich ungefähr eine halbe Stunde, um die ein=
zige und so sehr lehrreiche Aussicht über die ganze Schweiz
zu nützen. Während dieser ganzen Zeit empfand ich eine
unerträgliche Hitze und ein beißendes Brennen an den Hän=
den, dem Gesichte und dem entblößten Halse. Dies bren=
nende Jucken ward immer größer und unerträglicher, so
daß ich verschiedenemale während dem Herabsteigen theils
durch Auflegen von Schnee, theils durch Waschen mit eis=
kaltem aus dem Gletscher hervorquellenden Wasser mir eini=
ge Linderung zu verschaffen suchte. Ich spürte bald an mei=
nen Händen und meinem Gesicht eine schmerzhafte Span=
nung, und eine trockne Dürre des diese Theile bekleiden=
den Oberhäutchens. Meine Augen fingen nun auch an, ent=
zündet zu werden, und die Thränen wurden in großer Menge
abgesondert, welche durch ihre beißende Schärfe die Ent=
zün=

unten den mit Dammerde schon etwas gemischten Boden
dichter überziehn, und selben zu einer grünen Alpweide
umschaffen. Die Luft ist hier schon etwas dichter, und daher
wüthen in dieser Gegend der Wind und die Stürme am stärk=
sten. Die Hirten und Schäfer sind die einzigen Bewoh=
ner dieser Alpweiden, welche sie aber alle im Herbst verlas=
sen

zündung der Augen noch immer vermehrten. Dies alles
benahm mir die folgende Nacht allen Schlaf, und wenn ich
kaum ungeachtet dieser Uebel aus großer Müdigkeit die
Augen geschlossen hatte, wurden selbe doch bald durch die
häufig angesammelten scharfen Thränen so behaftet, daß ich
sie wieder öfnen mußte, um sie von diesem unausstehlichen
Reiz zu befreyen. Den andern Tag bemerkte ich, daß das
Oberhäutchen an verschiedenen Stellen Risse bekommen hat=
te, aus welchen eine klebrige Feuchtigkeit floß, die sich bald in
halbdurchsichtige gummi=ähnliche Klümpchen verdickte. Nach
und nach wurden doch meine Uebel vermindert, die Entzün=
dung der Augen zertheilte sich, obgleich ich auch noch einige
Tage nachher nicht einmal von der Sonne beleuchtete Kör=
per anzusehen im Stande war, und die schwarzbraune halb=
verbrannte Oberhaut fiel theils von sich selbst ab, theils
konnte ich selbe in Stückchen abziehen. Meine beyden Freun=
de, die mich begleiteten, litten an dem nämlichen Uebel,
und wir hatten wohl 14 Tage zu kramen, ehe wir wieder
völlig hergestellt waren. — Eine sorgfältige Bedeckung der
Hände und ein um das Gesicht gezogner schwarzer Flor
schützt indessen, wie wir aber leider zu spät erfuhren, vor
diesen Zufällen. — Ein größrer Grad des nämlichen Ue=
bels war es ohne Zweifel, welches dem kühnen Uebersteis
ger der penninischen Alpen Hannibal den Verlust des einen
Auges zuzog.

fen müssen, und nur im hohen Sommer wieder beziehen
können.

In tiefern Gegenden fängt nun ein niedriges Ge,
sträuch, die Alprose (rhododendrum ferrugineum), den Bo,
den zu überziehen an, welches hie und da in einige tiefer
unten befindliche Fichtenwäldchen fortgesetzt wird. Hier
werden die Pflanzen schon größer, und man findet diesel,
ben mannichfaltiger auf diesen sogenannten Maienfässen.
Hier sieht man schon die Menschen in Dörfern beysammen
wohnen, wie denn überhaupt der größte Theil von Grau,
bündten, das obre Wallis, und ein beträchtlicher Antheil
von Savoyen hieher gehört. Die Bewohner dieser hohen
Gegenden zeichnen sich sowohl in Ansehung ihrer körperli,
chen Größe, Stärke und Behendigkeit, als in Rücksicht
ihrer natürlichen Anlagen zu allerhand Geisteswerken sehr
aus, welches alles man dem hier herrschenden Grad von
Dichte und Kälte der Luft — und einer gemäßigten Feuch,
tigkeit derselben zuschreiben muß. — Je tiefer nun die
Thäler werden, um so mehr nimmt die Menge des sie
durchströmenden Wassers und die Wärme der Atmosphäre
zu; aber eben so nimmt auch allmählig das gesunde Aus,
sehen der Einwohner und ihre körperliche Stärke und Leb,
haftigkeit ab, so zwar, daß in den tiefsten Thälern Träg,

heit,

heit, Schwächlichkeit, ein übles Aussehen, und mancher-
ley Krankheiten das Erbtheil der Einwohner sind.

Den größten Grad dieses unendlichen Uebels leiden
diejenigen bedaurenswürdigen und elenden Geschöpfe, denen
man in der Schweiz größtentheils den Namen: Kretinen
(Cretins) gegeben hat, und die den Gegenstand dieser kleinen Abhandlung ausmachen. Man versteht unter dieser
Benennung eine durch Krankheit besonders verunstaltete
Menschenabart, welche nebst einer bleichen bleyernen Gesichtsfarbe und einer sehr beträchtlichen Geschwulst der
Schilddrüse, sich besonders durch eine große Schlaffheit ihres Fleisches, Mangel an Reizbarkeit, Trägheit und
Schwerfälligkeit, hauptsächlich noch durch ein sinnloses Ansehen und ein auffallendes Unvermögen, artikulirte Töne
hervorzubringen, sehr hervorstechend auszeichnen. Man
findet diese elenden Geschöpfe in den gebirgigten Gegenden der
Schweiz, besonders im Walliser Land, und in Savoyen;
doch nur in den tiefsten Thälern dieser Länder, welche
etwas breiter werden, und sich nach den Plänen hin öfnen.

Herr von Saussure fand diese Verunstaltung in einem vorzüglich hohen Grade in dem Augster Thal (Vallée d'Aoste) welches von dem Mont-blanc sich bis an die
Fläche von Piemont erstreckt.

Ich

Ich selbst sah die ersten am westlichen Ufer des Gen＝
fer See's, wo die schönen mit Wein bebauten Hügel auf＝
hören, und die niedrigern Kalkberge sich in die hohen Wal＝
liser Alpen verlieren. Es setzen nämlich die steilen Gebir＝
ge von Savoyen, welche nach Süden hin das Ufer des
See's bestimmen, am Ostende des See's sich nach Süden
fort, und bilden mit den hohen Walliser Bergen hier den
Eingang in ein Thal, das ziemlich enge ist, und in sei＝
ner größten Breite etwa eine Stunde, und wo es sich am
meisten verengt, kaum eine halbe beträgt. An beyden Sei＝
ten ist dieses Thal von den steilsten Bergen eingeschlossen,
und streicht ganz nach Süden hin. Die Rhone fließt nah
an der westlichen Bergreihe durch das ganze Thal, und
nimmt in ihrem Fortgange zahlreiche Wasserfälle, worun＝
ter die Pissevache besonders bewundert wird, auf, bis
dieselbe im Ende des Thals in den Genfer See sich ergießt.
Schon zu Villeneuve, einem kleinen Städtchen am Eingan＝
ge des Thals, hatte ich Gelegenheit, Leute zu sehen, wel＝
che außer einer bleichen, schmutzig＝gelben Gesichtsfarbe,
durch ungeheure Kröpfe verunstaltet waren. Allein sie
konnten doch noch artikulirte Töne hervorbringen, zeigten
noch einiges Fassungsvermögen, und wenige, obgleich sehr
stumpfe, Verstandskräfte.

Erst

Erst einige Stunden weiter in diesem Thale, in den Dörfern bey Aigle und Bex sah ich wahre Kretinen, Menschen, welche sowohl ihrer Beweglichkeit, als ihres Fassungsvermögens und ihrer Geistesfähigkeiten wegen auch den niedrigern Thierklassen nachstehen müssen.

Die Anzahl dieser Unglücklichen vermehrte sich am Anfange des Walliser Landes, und die meisten sah ich zu Martinach. Auf die nämliche Art nimmt nun dieses Uebel wieder ab, so wie dieses Thal höher aufsteigt. Man findet noch Kretinen zu Branchiere. Zu Orsiere herrscht noch allgemein das mißfarbige Aussehen. Keine Spur von Kretinism findet man mehr zu Libbes, zu Aleve, zu Bourg St. Pierre bis gegen den St. Bernhard hin. 6)

Ich verließ dieses Thal, welches sich nun ganz nach Osten hinkehrt, schon in Martinach, und überstieg einen 2 Stunden hohen Berg, der aber doch bis an den Gipfel hin bebaut war. Von der Spitze desselben bis in das entgegengesetzte Trienter Thal (Vallée de Trient) brauchte ich keine halbe Stunde. Man sieht daraus, daß dieses Thal um ein Beträchtliches höher liegen müsse. Ich fand in demselben weder Kröpfigte, noch Kretinen, sondern die Einwohner hatten alle ein gutes frisches Aussehen, viele Munterkeit und körperliche Stärke. Ich hatte nun noch einen

6) Saussure am angeführten Orte, S. 1182.

einen eben so hohen Berg, wie der vorige war, den Col
de Balm zu besteigen, um das Chamounythal, wohin mich
eigentlich meine Neugierde trieb, zu erreichen. Von der
Spitze dieses Bergs erreichte ich dasselbe in weniger als einer halben Stunde. Man bemerkt daher, daß dieses Thal
um vieles höher liegen müsse, als das von Trient, und
folglich weit höher, als das Walliser Land. Auch hier trifft
man keine Spur von Kröpfen und Kretinism, — vielmehr
sind die Einwohner dieses Thals schon als starke, sehr leb-
hafte Leute bekannt.

Vom Col de Balm an fällt man beständig tiefer,
und sehr merklich, bis zu dem kleinen Dörfchen Argentie-
re; weniger merklich von da bis an die Prieuré de Chamouny. Von der Prieuré an geht das Thal sehr merklich nord-westwärts, man kömmt immer tiefer, bis man
nach Besteigung eines kleinen Hügels, worin man mit
vieler Mühe die Landstraßen in die Felsen gehauen hat,
das obre Faucigny erreicht. Dies Thal liegt nun um
ein Merkliches tiefer als das von Chamouny, und ist sehr
viel breiter, als dasselbe. Denn ich sage nicht zu viel, wenn
ich dessen Breite auf anderthalb bis zwey Stunden ansetze.
In einem Winkel nach Osten hin liegt das Dorf Servoz,
worin ich wieder sehr viele durch Kröpfe verunstaltete
Menschen gewahr ward, allein Kretinen konnte ich nicht

B 5   entde-

entdecken, — denn ich sprach mit einigen, und erhielt von ihnen verständliche Antworten. In einem Dorfe nicht weit von Servoz traf ich eine Frau an, welche etwa 50. Jahr alt gewesen seyn mochte, sie hatte ein dummes, sinn= loses Ansehen, und konnte nicht sprechen; allein obgleich sie den Kopf sehr rückwärts trug, bemerkte ich doch keine Geschwulst der Schilddrüse, welche nur wegen dem her= vorragenden Halse etwas bestimmter sich auszeichnete. Die gelblich=weiße, schmutzige Gesichtsfarbe bemerkte ich an die= ser Elenden in einem sehr hohen Grade.

Noch weiter in diesem Thale bis gegen Sallenche findet man viele Kröpfigte, deren Anzahl sich aber hinter La Cluse und Bonneville sehr vermindert, so daß man keine mehr antrifft, sobald man den Ausschnitt des Mont Saleve passirt hat, in der schönen Fläche, welche von der einen Seite von den Bergen Savoyens und der großen Alpenkette, — von der andern Seite durch die nach Nord=West streichenden Jura=Gebirge begränzt wird.

Die genannten Gegenden der Alpen rechnet man ge= wöhnlich für die Wohnplätze der Kretinen. In dem Aug= ster Thal trifft man wohl die meisten an, deren Anzahl jedoch vom Mont=blanc nach der Fläche von Piemont hin immer zunimmt. Es giebt noch keine Kretinen zu Cour mayeur, keine zu Morges. Etliche sieht man zu Salle, dann

wächst

wächst ihre Anzahl bis zu Villeneuve, wo Saussure die meisten fand; weiter hin findet man sie noch zu Cité, wo sie dann bis zur Ebne von Piemont abnehmen.

Nach diesem Theil Savoyens kann wohl das untre Stück des Thals, welches das Walliser Land ausmacht, sonderlich geschickt seyn, solche elende Geschöpfe zu erzeugen, doch nur von Aigle bis Martinach; — denn von diesem Orte wendet sich das Thal ostwärts, und sowohl die Zahl der Kröpfigten, als Kretinen nimmt ab.

Außer diesen Ländern, in welchen ich selbst Kretinen antraf, sollen auch um das Städtchen Bellinzona einige dieser Elenden gefunden werden. Es liegt dieses Städtchen 3 Stunden von dem obern Ende des langen See's, beym Eingang ins Liviner Thal, wodurch die Hauptpassage derjenigen geht, die aus Italien über den Gotthard in die Schweiz reisen. Selbst der Arzt dieses Städtchens, Herr Brüni, versicherte mich, daß man unter den vielen Leuten dieser Gegend, die ungeheure Kröpfe hätten, und einen großen Grad von Blödsinnigkeit zeigten, einige, obgleich wenige anträfe, welche außer einem Unvermögen, in artikulirten Tönen zu reden, auch noch alles Verstandes und aller Denkkraft beraubt zu seyn schienen. Mein Freund und Reisegefährte, Dr. Domeyer aus Hannover, versicherte mich, in Bellinzona selbst einen solchen Menschen gesehn

zu

zu haben, den ich aber nachher aller angewandten Mühe ohnerachtet nicht mehr antreffen konnte.

Bey meiner Reise durch Graubündten, obschon ich hin und wieder, besonders im Schamser Thal, manchen Kröpfigten antraf, konnte ich nirgendwo einen wahren Kretinen entdecken; ich bin aber von einem glaubwürdigen Manne versichert worden, daß bey Ilanz und dem Theil von Graubündten, welcher an den Kanton Glarus gränzt, man wirklich einige antröfe, die denn auch hier nach der Landessprache, welche die Romanische oder Kurwälsche ist, Cretira (Creatura, elendes Geschöpf, Tropf) benennt werden, wovon allerdings der Ausdruck: Cretin gekommen seyn mag.

Weder in der gebirgigten Steyermark und Kärnthen, noch in Tyrol habe ich diese Menschenvarietät angetroffen, obschon ich vielleicht in keinem Lande so viele und so ungeheure Kröpfe sah, als eben in diesen.

Auch in den apenninischen Gebirgen Italiens habe ich keine dieser Unglücklichen gesehen; allein ich zweifle gar nicht, daß in den tieferen Thälern, fern von der Landstraße, nicht welche sollten gefunden werden.

Herr Ramond von Carbonieres hat auch in den Pyrenäen diese bedauernswürdige Verunstaltung angetroffen. Besonders bemerkt er das Lüchoner Thal, das Thal

von

von Aure, jenes von Bareges, Bearn, und Navarra als den Sitz dieser Unglücklichen. 7)

Marsden 8) meldet von den Bewohnern der gebirgigten Gegenden von Sumatra, daß sie mit ungeheuren Kröpfen behaftet wären, und vergleicht sie mit den Walliser, so daß es scheint, sie seyen von den Kretinen nicht sehr verschieden.

Saunders, 9) obgleich er viele Kröpfigte in Boutan und Bengalen fand, meldet nichts von Kretinen, welche ihm allda vorgekommen seyen.

Wenn man meine Bemerkungen zusammenhält, so sieht man, daß diese Ausartung des Menschenstammes nur in tiefern Thälern, und meist nur in jenen angetroffen werde, die entweder in der Fläche des Genfer See's, oder etwas höher liegen, und daß man in einer ungefähr 40 Klafter höheren Gegend schon keine mehr finde. 10)

Ferner

7) Reise durch die höchsten französischen und spanischen Pyrenäen. Aus dem Französischen. Straßburg, erster Band 1789. S. 834.

8) The history of Sumatra. London 1783. p. 42.

9) Some account of the vegetable and mineral productions of Boutan and Thibet, in Philosoph. Transact. Vol. LXXIX. for the year 1789.

10) Saussure behauptet, daß er in einer Höhe, die über 500 Klafter über die Fläche des mittelländischen Meeres betrug, weder Kröpfe, noch Kretinen mehr angetroffen habe. Am angeführten Orte, S. 482.

Ferner scheinen es meine Bemerkungen zu bestättigen, daß man zwar überall, wo Kretinen sind, auch Kröpfigte antreffe, aber umgekehrt kömmt man wohl in Gegenden, deren Bewohner schier alle Kröpfe haben, in welchen man aber auch nicht eine einzige Spur von Kretinen entdecken kann. —— Auch verdient die oben angeführte Bemerkung alle Aufmerksamkeit, und scheint zu beweisen, daß wirklich der Kretinism ohne alle Geschwulst der Schilddrüse bestehen könne. Ich habe zwar nur einen solchen Menschen gesehen, welcher außer dem Kropfe sonst alle Attribute eines Kretinen hatte; allein aus dem veränderten Bau der festern Theile, die ich weiter unten genauer beschreiben will, läßt sich schon schließen, daß der Kropf nicht eine vorhergehende erstere Ursache des Kretinism, sondern eine bloße Folge desselben seyn müsse. —— Ich muß hiebey noch einen allgemein herrschenden Irrthum rügen, welcher darin besteht, daß man vorgibt: die Familien, in welchen sich ein solcher Elender befindet, schätzten sich glücklich, weil sie glaubten, der Himmel habe alle Sündenlast der ganzen Verwandtschaft auf diesen Unglücklichen gewälzt, ihn selber aber sähen sie als einen Heiligen an, der Gott so angenehm wäre, daß er denselben würdig fände, alle die Familiensünden abzubüßen. Beydes ist irrig; denn, was vielleicht den übereilten Beobachter getäuscht haben

beit

ben mag, war nichts anders, als eine aus Mitleiden ent=
sprungene Dienstfertigkeit gegen einen solchen Elenden, und
die Sorge, selben vor jedem zu bewahren, der sich viel=
leicht einfallen lassen möchte, mit seinem Unglücke Scherz
zu treiben; daher bereisen ißt gewiß viele Fremden diese
Gegenden der Schweiz und Savoien, welche auch nicht
einen Einzigen von diesen Menschen zu Gesicht bekommen,
weil man, da die Schweiz so sehr von Fremden bereist
wird, sorgfältig darauf bedacht ist, selbe ja nicht dem
Spott und Gelächter der Durchreisenden auszusetzen.

Man findet schon einige Nachricht von diesen Menschen
bey Felix Plater, 11) welche derselbe in dem Dorfe Bre=
mis im Walliser Lande gesehen hat. Man brachte ihm einige
nach Sitten, weil man Hülfe von ihm erwartete; er
bemerkt besonders einen bisweilen ungestalteten Kopf, ei=
ne dicke, geschwollne Zunge, Sprachlosigkeit und Kröpfe.

Herr von Haller 12) gibt eine kurze Beschreibung
der Kretinen in Wallis, und berührt einige Ursachen, wel=
che er etwas zur Erzeugung dieses Uebels beyzutragen glaubt.

Außer

11) Obferv. in hominis affectibus plerisque, libri 3. Basi-
leae 1614. pag. 35.

12) Novi comment. Societ. reg. Scient. Goett. T. I. 1771.
in ej. comm. de vento rupenfi pag. 43.

Außer diesen findet man noch einige Nachrichten bey Zimmermann 13), dem Abt Richard 14), und Herrn de Macheron. 15)   Unter den Neuern gibt uns Herr Saussure etwas umständliche Nachrichten von dem äußern Aussehen der Kretinen, und den Orten, wo man sie antrifft. 16)

Herr Malacarne, königl. Wundarzt zu Turin, liefert eine etwas genauere Beschreibung des Kopfes der Kretinen. 17) Er erhielt 3 skeletirte Köpfe aus Savoyen. Auf Befehl der Regierung schrieb er an die Wundärzte des Aoster Thals in der Absicht, selbe aufzumuntern, sich um eine genauere Kenntniß des physischen Zustandes der Kretinen zu erkundigen, und gab ihnen Gelegenheit an die Hand, wie sie ihm vor Fäulniß bewahrte Theile nach Turin zuschicken könnten.   Herr Malacarne schickte zwey dieser Köpfe an Herrn Gubernialrath Frank zu Pavia, welcher sie dem dortigen pathologischen Museum zum Geschenk machte.   Ich befand mich gerade zu der Zeit in Pavia, und

---

13) Von der Erfahrung, 2ter Band S. 150.

14) Voïage en Italie, Art. Savoy.

15) Memoires de l'Acad. de Lyon.

16) Voïage dans les Alpes, Tom. 2. pag. 481.

17) Siehe Lettres de Vincent Malacarne au Profeſſeur Frank à Pavia ſur l'etat des Cretins, in Franks delectus opuſculorum, Tom. 6. pag. 241.

und Herr Gubernialrath hatte die Güte, mir diese merkwürdigen Schädel zu zeigen, (in welchen die widernatürlichen Veränderungen des einen mit jenen des andern völlig übereinkamen. Ich merkte mir diese Abweichungen sehr genau, und will dieselben hier, so bestimmt als möglich, beschreiben.

Nur am untern Schädelgrund liegt jene widernatürliche Veränderung, welche das Wesentliche eines Kretinen ausmacht, und alle andern Abweichungen vom natürlichen Bau als Folgen nach sich zieht. Der obere und Seitentheil des Schädels hat beynahe die gewöhnliche Gestalt, wenn er nicht etwas weniges durch eine kugelrundere Form in der Schläfengegend sich auszeichnet.

1) Hinter der untern rauhen Linie, die man am Hinterhauptsbein bemerkt, statt daß im gewöhnlichen Falle dieses Bein mit seinem Fortsatz allmählig nach vorne und schiefaufwärts geht, steigt dasselbe nun auf einmal steil in die Höhe, so, daß jene Theile, welche die Gelenkfortsätze tragen, und zwischen sich das große Hinterhauptsloch aufnehmen (partes condyloideae), in einer auf den Horizont perpendikulären Ebene liegen.

2) Das große Loch des Hinterhaupts, anstatt daß es sich mehr nach der Horizontallinie neigen, und nur

C   in

in etwas schief in die Höhe vorwärts steigen sollte, liegt ebenfalls in einer vertikalen mit der Zentrallinie des Körpers parallelen Lage.

3) An der Stelle, wo der Fortsatz des Hinterhaupts: beins anfängt, beugt sich der Knochen so, daß eben dieser Fortsatz mit den gerade-aufstehenden Gelenktheilen beynahe einer rechten Winkel macht.

4) Der Grundfortsatz dieses Beins liegt also ganz horizontal, und der Körper des Keilbeins mit dem genannten ganzen Fortsatze in einer wagerechten Linie.

Diese widernatürliche Veränderung im Knochenbaue verursacht eine sehr auffallende Verschiedenheit am Schädelgrunde. Auf der äußern untern Fläche entsteht eine sehr beträchtliche Vertiefung, welche nach vorne zu von den am hintern Theil des Oberkiefers heruntersteigenden Keilbeinsfortsätzen, nach hinten aber von dem steil nach oben sich drehenden Hinterhauptsbein gebildet wird. Den obern Grund dieser widernatürlichen Vertiefung macht der wagerecht liegende Fortsatz des Hinterhauptsbeins aus.

Betrachtet man die innere Seite des Schädelgrundes, so findet man dieselbe eben so sonderbar verändert. Der völlig wagerecht laufende Fortsatz des Hinterhauptsbeins tilgt ganz jene Vertiefung,

in

in welcher sonst der große Gehirnknoten (nodus ce-
rebri, pons Varolii) und die Anfänge des Rückmarks zu liegen kämen, und die Höhle fürs kleine
Gehirn, welche der untre vordere Theil des Hinterhauptsbeins von dem Seitenblutbehälter an bis zum
großen Hinterhauptsloch samt der darüber gespann-
ten Decke von der Verdoppelung der harten Hirnhaut bestimmt, ist um sehr viel kleiner, und kann
kaum den dritten Theil der Masse enthalten. Diese Hauptveränderungen im knöchernen Bau des
Schädels erzeugen nun wieder viele andre; denn daher kömmt es

5) daß der Seitenblutbehälter um vieles weiter und
geräumiger wird. Man sieht die Hälfte desselben,
welche den Eindruck im Knochen bestimmt hat, beträchtlich tiefer und breiter, als man es in gewöhnlichen Köpfen bemerkt, welches daher rührt, weil

6) die Seitenblutbehälter erst bis in die Gegend, wo
nach hinten zu das große Hinterhauptsloch anfängt,
heruntersteigen, dann aber wieder eben so hoch in
die Höhe gehen müssen, um zu der Oefnung zu kommen, wo die innere Drosselblutader ihren Anfang
nimmt.

C 2   Man

Man sieht daraus, daß in diesem venosen Ka-
nal das Blut, welches in einem gut gebauten Kopfe
bis zum Eingang in die Drosselblutader immer ab-
wärts läuft, in diesen widernatürlich veränderten
Köpfen erst hinunterlaufen, dann aber wieder eben
so hoch in die Höhe steigen müsse, um die genannte
Oefnung, wodurch es sich in die Drosselblutader ergießt, erreichen zu können. Nun ist aber aus hy-
drostatischen Gesetzen bekannt, daß das Aufsteigen
durch den Druck des herabfallenden Blutes bewirkt
wird, und daß der nämliche Druck, welcher bey
Flüssigkeiten nach allen Seiten gleich ist, eben so
stark auf die Wände des Kanals, worin sie fließt,
wirken müsse, wodurch denn sowohl die häutigen
Wände desselben, als der Knochen selbst, wenn er
noch weich ist, ausgedehnt werden.

7) Indem der vordre untre Theil des Hinterhauptsbeins in die Höhe steigt, pflegt es sich in gut gebauten Schädeln schief nach außen und vorne hin mit
seinem Fortsatze dem Felsentheile des Schlafbeins
zu nähern, doch ohne sich mit demselben genau zu
verbinden. Durch die Annäherung dieser beyden
Knochen entsteht eine unregelmäßige Oefnung, durch
welche

welche sowohl der Seitenblutbehälter sich in die innre Drosselader ausleert, als auch der umschweifende Nerve, der Zungenschlundnerve, und der Beynerve des Willis geht; in diesen widernatürlich gebauten Köpfen aber wird durch die Beugung des Fortsaßes des Hinterhauptsbeins diese Oefnung sehr verengt, so daß nun nebst dem Durchgang der drey Nervenpaare unmöglich mehr viel Blut aus dem Seitenblutbehälter in den Wulst der Drosselader (bulbus venae jugularis) einfließen kann, — noch eine sehr beträchtliche Ursache, warum das Blut sich in den Behältern ansammeln, und daher selbe mehr ausdehnen muß.

Außer der Rückenwirbelblutader (vena vertebralis) und einigen ganz kleinen Venenästchen (emissaria Santorini), die sich besonders dicht an der Nath, welche die Scheitelbeine verbindet, und selbst in der Vereinigung des Zißentheils des Schlafoeins mit dem Hinterhauptsbein befinden, ist die innre Drosselader die einzige, und unter den genannten bey weitem die stärkere, welche das Blut aus dem Gehirn herausführt. In dem Kopf der Kretinen ist der Einfluß des Blutes gar nicht gehemmt, denn sowohl die Wirbelpulsader als die innre Drosselader gehen ganz frey und ungehindert

C. 3   dert

dert durch den knöchernen Schädel, — sehr hingegen wird der Rückgang des Bluts aus den schon genannten Ursachen gehindert, daher denn ganz natürlich folgen muß, daß die Blutadern des ganzen Gehirns außerordentlich vom angehäuften Blute strotzen, und da immer neues Blut durch die Arterien
zufließt, ehe das alte hinweggebracht worden ist,
diese Gefäße sehr ausgedehnt werden. Schon die
Sinus, und die von denselben im Knochen eingegrabnen Furchen haben dadurch um mehr als um die
Hälfte ihres Durchmessers zugenommen, um wie
viel mehr müssen dann die Gehirnvenen ausgedehnt
worden seyn, welche so viel dünnere, so viel nachgiebigere Häute haben? wie viel muß also nicht dadurch dem Hirne am Raum, sich auszudehnen, benommen worden seyn, obgleich eine solche Ausdehnung der Gefäße, weil sie nicht auf einmal geschah,
sondern nach und nach erfolgte, unmöglich durch einen Schlag oder Lähmung dem Leben dieser Unglücklichen nachtheilig werden konnte.

8) Selbst an einigen Stellen des Schädels, wo Blutadern durch selben dringen, findet man die Löcher,
durch welche sie herausgehen, noch einmal so groß,
als sie gewöhnlich zu seyn pflegen.

Es

Es scheint mir dieses eine schickliche Gelegenheit,
ein paar Worte über den Ausdruck: die Natur hilft
sich selbsten, einzuschalten. Es liegt nämlich dieses
schon in dem Bau unsers Körpers, (und es ist gewiß die
künstlichste aller Einrichtungen, daß die nämlichen Ursachen,
welche demselben in einem hohen Grade auf der einen Seite schädlich seyn könnten, zu gleicher Zeit auch den Bau
andrer Theile dieser zusammengesetzten Maschine so verändern, daß daraus wieder ein Nutzen für selbe, oder
ihre gänzliche Erhaltung erwächst. Deutlicher, als in
jedem andern, sieht man das in dem Beyspiele, welches
wir vor uns haben. Aus dem veränderten Bau des Schädels der Kretinen, den wir bis hiehin weitläuftig beschrieben
haben, erhellt, daß die Anhäufung des Blutes aus den angeführten Ursachen endlich so groß werden müßte, daß die
Blutadern des Gehirns, ja selbst die aus der harten Hirnhaut gebauten Behälter endlich gar bis zum Zerplatzen ausgedehnt werden würden, wenn sich nicht aus der nämlichen Ursache auch die Blutadern, welche durch den Schädel dringen, erweiterten, und eben deswegen auch die im
knöchernen Schädel zum Durchgang für die Venen bestimmten Löcher und Kanäle in ihrem Durchmesser zunäh-
men, welche künstliche Einrichtung denn nun auch bewirkt,
daß eine größre Blutmenge aus der knöchernen Gehirn-

kapsel

kapfel ausgeführt werden kann, und nun auf diese Art die Gefahr des Zerplatzens vermindert, oder gänzlich aufgehoben wird.

Und in der That findet man diejenigen Oefnungen, welche in der Verbindung des Hinterhauptsbeins mit dem Zitzentheil des Schlafbeins liegen, über die Hälfte ihres Durchmessers erweitert, und es wird daher, weil sie gerade an der tiefsten Stelle des Blutbehälters liegen, auf diesem Wege viel Blut aus den Seiten=Sinus des Gehirns gebracht, welches sonst beym natürlichen Bau in die innere Drosselblutader fließen müßte.

Die wesentlichsten Veränderungen sind jene, welche durch die Verunstaltung der knöchernen Kapsel in dem Gehirne selbst hervorgebracht werden. Es betreffen diese unter allen am meisten das kleine Gehirn, den Hirnknoten, die Anfänge des Rückmarks, und mithin, wenn wir vielleicht den Geruch= und Sehnerven ausnehmen, die Ursprünge aller Nerven.

Wenn wir uns das ganz verunstaltete Hinterhaupts=bein ins Gedächtniß zurückrufen, so finden wir die Kammer für das kleine Gehirn außerordentlich enge, und von vorne nach hinten zusammengedrückt, so, daß kaum die Hälfte desselben in dieser kleinen Höhle Platz haben kann. Da nun die Physiologen allgemein glauben, daß dieses

Einge=

Eingeweide in Rücksicht des thierischen Lebens von der äuß=
ßersten Bedeutung sey, so ist es leicht zu erachten, was es
für nachtheilige Wirkungen hervorbringen müße, wenn dem=
selben zu seiner Entwicklung so enge Gränzen gesetzt werden.

Ist aber im ganzen Gehirne ein Ort, der zum or=
ganischen sowohl als thierischen Leben das meiste beyträgt, —
ist der Vereinigungsort aller Nerven etwas Wirkliches, be=
steht derselbe nicht blos in der Einbildung der Physiologen,
so ist dieser Ort wirklich im Gehirnknoten. 18)

Das dritte, vierte, fünfte und sechste Nervenpaar
lassen sich sogar mit dem Messer bis zu diesem wichtigen
Theile hin verfolgen, und sehr wahrscheinlich wird es,
daß der Gesichtsnerve, der Gehörnerve, der umschweifende
und Zungenschlundnerve sich bis dahin fortsetzen, obgleich
wir dieses dem Auge darzustellen noch nicht im Stande sind.
Genug, aus dem, was wir wissen, aus dem, was wir
beobachten können, ist es gewiß, daß der benannte Theil
einer der edelsten, einer der wichtigsten in der thierischen

C 5   Oeko=

_____

18) Die Muthmaßung des Descartes ist deswegen so ungereimt
nicht, als viele glauben; denn der Gehirnknoten setzt sich
nach oben in die vier Hügel, und das hintre Markbünd=
chen, worauf die Zirbeldrüse ruht, fort. Auch der große
Camper ist dieser Meinung. Siehe dessen kleine Schriften
Band 1. Stück 1. S. 87.

Oekonomie sei, — es ist aber eben so gewiß, daß kein einziger Theil des Gehirns der Kretinen so viel Gewalt leide, als dieser. Die Lage desselben in Rücksicht auf den knöchernen Schädel, ist gleich hinter der senkrechten Wand des Türkensattels, der sich oben zwischen dem hintern Theil des Körpers des Keilbeins, und dem Anfange des Fort=satzes des Hinterhauptsbeins befindet. Man sieht daher auch bey gutgebauten Schädeln eine seichte Aushöhlung in diesem Fortsatze, worin nach oben der Hirnknoten, nach unten die Anfänge des Rückenmarks liegen. Ich erinnerte eben schon, daß der Grundfortsatz des Hinterhauptsbeins bey den Kretinen wagerecht liege, — hier muß ich nur noch zusetzen, daß bey eben denselben auch die innere Fläche dieses Fortsatzes etwas erhaben und gewölbt sey, — wie sehr wird folglich der Raum beengt, der diesen wichtigen Theil zu enthalten bestimmt ist? — Es kann sich dieser bey seiner Entwicklung nicht allein nicht gehörig ausdehnen, son=dern seine untre Fläche wird noch nebst dem durch die innere Wölbung dieses Fortsatzes sehr zusammengedrückt. Ich stehe daher gar nicht an, dieses als die erste und haupt=sächlichste Ursache der Blödsinnigkeit der Kretinen, der Stumpfheit ihres Verstandes und ihrer innern Sinne an=zugeben.

Auf

Auf die nämliche Art, und von dem nämlichen ver=
schobenen Grundfortsatze des Hinterhauptsbeins werden nun
auch die Anfänge des Rückmarks, welche in dem untern
Theile des ausgekehlten Fortsatzes liegen, zusammengepreßt,
und nach oben hin gedrückt.

Das Rückmark und der Gehirnknoten, die sonst auf
einer schiefen Fläche nach unten und nach hinten zu liegen,
bekommen bey Kretinen eine ganz wagerechte Lage; daher
kömmt es zugleich, daß die Hirnnerven, welche aus diesen
Theilen entspringen, nämlich der umschweifende, der Zun=
genschlundnerve, der Beynerve des Willis, und der mitt=
lere Zungennerve, welche sonst alle in einer horizontalen
Richtung aus dem Schädel gehen, nun sich alle nach unten
hinwenden, und in einer mit der Zentrallinie des Körpers
parallelen Linie aus demselben hervordringen.

Das sechste Nervenpaar, welches größtentheils in
die Augenhöhle tritt, und hauptsächlich wichtig wird, weil
es noch, ehe es dahin gelangt, mit einem Aestchen vom
zweyten Ast des fünften Paars die Anfänge des in der thie=
rischen Oekonomie so wichtigen Interkostalnerven bildet,
wird bey seinem Ursprunge mit dem Gewicht der ganzen
Gehirnmasse beladen, und geht dann, nachdem es diesen
Druck erlitten hat, durch die harte Hirnhaut, um erst den
Sinus cavernosus, dann die Augenhöhle zu erreichen.

Das

Das Rückmark aber selbst leidet bey seinem Durchgang durch das große Loch des Hinterhaupts die gewaltthätigste Krümmung. Vom Gehirnknoten an bis zum großen Hinterhauptsloche liegt es ganz wagerecht, und nun muß daſſelbe ſich beynahe in einem rechten Winkel biegen, um zu dieſer Oefnung, welche, wie ich oben beſchrieben habe, eine ganz vertikale Lage hat, herauszutreten.

Dieſe ſo wichtigen Veränderungen, welche die edelſten Theile des Gehirns betreffen, ſind zuverläſſig hinreichend, um ſich all das zu erklären, was man in der thieriſchen Oekonomie bey dieſen Elenden ſo ſehr verändert antrifft. Wie viel Raum muß nicht dem Hirn abgehen, wenn eine ſo große Menge Bluts zurückgehalten wird, und alle Venen dieſes edlen Eingeweides ſo ſehr über ihren gewöhnlichen Durchmeſſer ausgedehnt werden, wenn die edelſten Theile dieſes Hauptorgans durch einen widernatürlichen Druck leiden, oder gar durch einen eingebognen harten Knochen an ihrer Entwickelung gehindert werden? Was Wunder alſo, wenn dieſe Unglücklichen in Rückſicht ihres Verſtandes und Seelenkräfte ſo ſehr tief unter ihren übrigen Mitgeſchöpfen erniedrigt ſind?

Da der Urſprung der Nerven im Hirnknoten eine ſo widernatürliche Veränderung leidet, und da ſelbſt das ſechſte

Ner-

Nervenpaar, welches den großen Interkostalnerven bilden hilft, durch die Last der Gehirnmasse bey seinem Ursprung zusammengedrückt wird, so kann man auch die Ursache leicht einsehen, warum bey den Kretinen die Reizbarkeit und Empfindlichkeit so gering, warum ihre Pulsschläge so langsam sind, warum ihr Körper bey allen Muskelbewe= gungen so träge, warum ihr Fleisch so schlaff, ihre Haut so aufgedunsen ist, warum sie endlich eine so sehr üble schmutziggelbe Gesichtsfarbe haben.

Empfindlichkeit und Reizbarkeit 19) sind aus den schon oben genannten Ursachen gemindert, die Arterien können also durch ihre geringe Zusammenziehungskräfte dem sie ausdehnenden Blute weniger widerstehen, und es schwitzt dann der dünnre wäßrigte Theil desselben durch die klein= sten arteriosen Geflechte in die Fächer des zelligten Gewe= bes. Hier häuft sich diese Feuchtigkeit in desto größrer Menge an, weil auch die Sauggefäße einen geringern Grad von Reizbarkeit haben, und folglich nicht so geschwinde eine so große Menge aufzusaugen im Stande sind. Die=

ses

---

19) Haller de vento rupensi, in Comment. nov. Tom. I. p. 113. hat sogar gesehen, daß einige dieser Leute blos deswegen zu Grunde gegangen sind, weil der Mastdarm vom Koth zu sehr ausgedehnt wurde, ohne daß doch selbe einen Reiz spür= ten, diesen fortzuschaffen.

fes Waſſer ſammelt ſich zwiſchen den Muskelfaſern, vermindert die Dichte des Muskelfleiſches, und Elaſtizität
der Fibern, und iſt Urſache der Trägheit der Muskelbewe-
gung, und der Schwerfälligkeit der Kretinen. Man muß
aber dabey ja nicht vergeſſen, daß auch die Nerven, die
den Muskelfaſern mitgetheilt werden, ſchon bey ihrem
Urſprunge einen widernatürlichen Druck leiden, und daß
dieſer vorzüglich als die erſte Urſache der den Muskeln feh-
lenden Reizbarkeit angeſehen zu werden verdiene.

Auf die nämliche Art, und aus den nämlichen Urſachen ſtockt auch das aus den kleinſten Arterienwänden
ausſchwitzende Blutwaſſer in der Haut, und den Fächern
der Fetthaut, und macht daher den ganzen Körper aufge-
dunſen, und zu Zeiten, wenn es häufiger aufgeſogen wird,
die Haut herunterhängend und ſchlaff.

Das üble Ausſehen dieſer Leute, und ihre entweder
braune, oder ſchmutziggelbe Geſichtsfarbe rührt wohl einzig daher, weil eben wegen der verminderten Reizbarkeit
das Blut in ſeinen Gefäßen außerordentlich langſam fließt,
und daher eine beſtimmte Menge deſſelben lange nicht ſo
oft zu den Organen kömmt, welche daſſelbe von den faulen Theilchen zu reinigen beſtimmt ſind, als es erfoderlich
wäre. Es nimmt alſo das Blut ſowohl als alle übrigen aus
demſelben abgeſchiednen Säfte einen größern Grad von Ver-

terbderbniß an, und erzeugt eine Gesichtsfarbe, welche allen Kachektischen eigen ist.

Was ich bis hiehin erzählt habe, betrifft blos die wi‐ dernatürlichen Veränderungen des Schädels und der dar‐ in enthaltnen Gehirnmasse; da nun aber in der thierischen Maschine alles so innig mit einander verbunden ist, daß ein Hauptfehler oder Mangel in dem Baue derselben tau‐ send andre hervorbringt, so mußten auch nothwendig die mit dem verunstalteten Schädel verbundnen festern Theile widernatürlich verdreht und gekrümmt werden. — We‐ gen der vertifalen Lage des untern Theils des Hinterhaupts‐ beins bekommen nun auch die Gelenkfortsätze dieses Kno‐ chens, wodurch die ganze Wirbelsäule mit dem Kopfe ver‐ bunden ist, eine ganz andre Richtung. Es stehen näm‐ lich diese Gelenkhügel statt nach unten izt gerade nach vor‐ ne, — da sich nun die Wirbelsäule an denselben anlenken muß, so müssen auch die obern Halswirbel ihre sonst nach oben gekehrte Fläche nach hinten biegen, und am vordern Theil des Halses eine Krümme bilden.

Da der Schlund und die Luftröhre ganz dem Lauf der Wirbelbeine des Halses folgen, so müssen dieselben eben‐ falls gekrümmt, und nach vorne hin gedrückt werden.

Izt wirds auch leicht seyn, sich die Sprachlosigkeit der Kretinen zu erklären. Um die Sprache zu bilden, wird

wird hauptſächlich erfodert, 1) daß die Riße des Luftröhren-
kopfes mehr, als ſie gewöhnlich zu ſeyn pflegt, verengt werden könne, 2) daß die Naſe und Mundhöhle ſamt der darin enthaltnen Zunge ihre natürliche Geſtalt und hinläng-
liche Beweglichkeit haben.

Die Stimmriße im Luftröhrenkopf kann ſich wohl
ſchwerlich bey den Kretinen über den gewöhnlichen Durchmeſſer verengen; erſtens, und hauptſächlich, weil das achte
Nervenpaar, welches nur allein dem Luftröhrenkopf, und
den Muskeln deſſelben Zweige ertheilt, ſowohl bey ſeinem Urſprunge, als bey ſeinem Durchgang durch den knöchernen
Schädel ſo ſehr viele Gewalt leidet, dann auch zweytens,
weil die größeren Muskeln, ſowohl die, welche von dem grif-
felförmigen Fortſaß und von der Zunge ſelbſt ans Zungenbein
gehen, als die, welche theils von eben dem Zungenbein, theils
aber auch von dem Schildknorpel bis zum Bruſtbein her-
unterſteigen, wegen der Krümme der Halswirbel in nicht
ganz entgegengeſeßten Richtungen auf den Larynx wirken,
und eben darum nicht im Stande ſind, das Stimmorgan
ſo zu befeſtigen, als es erfordert würde, wenn die kleineren
Muskeln deſſelben auf die Stimmriße ſelbſt wirken ſollten.

Die gekrümmte Halswirbelſäule ſcheint nun auch die
Entſtehung des ungeheuren Kropfes, den man bey den
Kretinen antrifft, zu begünſtigen. Ein Kropf iſt nichts

anders,

anders, als die widernatürlich angeschwollne Schilddrüse. Diese Geschwulst wird einzig durch die sehr erweiterten Pulsadern dieser Drüse hervorgebracht. Es pflegen nebst dem gewöhnlich die in dem nämlichen Verhältniß angewachsenen ernährenden Gefäßchen dieser Arterien viele Erdetheilchen dahin abzusetzen, und es erscheinen dann diese Gefäße bald in einem knöchernen Zustand, und die ganze Geschwulst ist wie eine harte Steinmasse anzufühlen.

Bey den Kretinen ist die Anlage zum Kropf so groß, als sie nur seyn kann; denn weil, wie ich schon oben sagte, die Wirbelbeine sehr stark hervorragen, wird dadurch die Schilddrüse ganz nach vorne gedrückt, und die Arterien, welche sowohl von der äußern Pulsader des Halses, als von der Schlüsselbeinpulsader in diese Drüse gehn, werden, da sie einen weitern Weg machen müssen, um diese Drüsen zu erreichen, in eine geradere Linie ausgedehnt, sie verlieren alle ihre Beugungen, welche man in gut gebauten Körpern, eh sich dieselbe in die Drüse selbst einsenken, an ihnen bemerkt, und nun leidet das Blut, welches durch den Druck des nahen Herzens mit vieler Gewalt in dieselben getrieben wird, weniger Widerstand, stürmt daher mit mehrerer Gewalt dahin, und dehnt die Kanäle, die ohnehin einen sehr geringen Grad von Reizbarkeit und Zusammenziehungsvermögen haben, sehr aus,

D   und

und ist auf diese Art die Haupturſache, welche bey den Kretinen dieſe große Geſchwulſt am Halſe hervorbringt.

Aus einem ganz falſchen Geſichtspunkt betrachtet Herr Malacarne die Sache, er ſucht die erſte Urſache in der Verſtopfung und Erhärtung der Drüſen, und will da= von, wie es ſcheint, alle andre Uebel ableiten. Ich be= greife nicht, wie dieſer ſonſt geſchickte Anatom es wahr= ſcheinlich finden kann, daß wegen der verhärteten Drüſen das Blut, welches ſonſt durch die Droſſelader fließen ſollte, nach den Löchern, die ſich bey der Nath des Hinterhaupt= und Schlafbeins befinden, zu fließen beſtimmt werden ſolle. Da auf dieſe Art durch eben dieſe Oefnungen von außen her mehr Blut in den Schädel dringe, glaubt er, könne es kommen, daß durch den größern Zufluß durch die= ſe erweiterten Löcher die Seitenblutbehälter ſo ſehr ausge= dehnt würden; 20) allein man muß eben kein großer Ana= tom ſeyn, um zu wiſſen, daß durch die genannten Schädel= öfnungen keine Arterie, ſondern nur bloß eine Vene dringe, welche folglich das Blut nicht in den Seitenblutbehälter hineinbringt, ſondern das darin enthaltne herausführt.

Herr Malacarne ſieht alſo Urſache für Wirkung, und umgekehrt Wirkung für Urſache an, wenn es wahr iſt,

was

was ich glaube, bis hieher bewiesen zu haben, daß Mangel an Verstandskräften, Sprachlosigkeit, Geschwulst der
Schilddrüse, üble Gesichtsfarbe u. s. w. einzig von der
widernatürlich verengten Gehirnkapsel hergeleitet werden
müsse.

Nun entstünde noch einzig die Frage: worin hat
man wohl die Ursache dieses fehlerhaften Baues zu suchen?

Es ist bekannt, daß keiner dieser Elenden in diesem
erbarmenswürdigen Zustande gebohren wird, — die Krankheit scheint erst in dem ersten oder zweyten Lebensjahre ihren Anfang zu nehmen, und dann bis zu dem zehnten
oder zwölften Jahre immer zu wachsen. In diesem Jahre sind diese Menschen meist schon so elend, als sie nur
immer werden können, und dann leben sie auf diese Art,
so wie ich es oben beschrieben habe, sich und ihren Verwand-
ten zur größten Ueberlast, gewöhnlich eine Periode von
50 bis 60 Jahren durch.

Es ist nicht selten, daß diese armseligen Geschöpfe
Geschlechtstriebe fühlen, daß sie sich auch wirklich verhey-
rathen, und Kinder zeugen, welche in ihrer ersten Jugend von außen nichts Aehnliches mit ihren Aeltern haben,
aber doch bald, — schon, eh sie das Ende des ersten
Jahres erreichen, aufgedunsen werden, und eine üble
Farbe bekommen; sie lernen dann nie sprechen, und in ihrem

fünf-

fünften oder sechsten Jahre schwillt ihnen die Schilddrüse, und die Geschwulst vermehrt sich bis zum zwölften, auch funfzehenten Jahre.

Man muß aber nicht glauben, daß nur Kretinen wieder Kretinen hervorbringen, — es geschieht gar nicht selten, daß gut gebaute Aeltern, selbst Fremde, wie Herr Saussure bemerkt, welche diese Gegenden beziehen, Kinder zeugen, die, so wie sie aufwachsen, sich immer mehr jenen Unglücklichen sowohl in ihrem Bau, als in der an ihnen zu bemerkenden Blödsinnigkeit, und Mangel an Sprache nähern, bis sie denselben endlich nach völlig erreichtem Wachsthume ganz ähnlich werden. Auf diese Art kann man mit Gewißheit sagen, daß in eben dem Verhältniß die Anzahl jener Unglücklichen wachse, in welchem die Bevölkerung zunimmt. —

Ich komme nun auf eine aus dem eben Gesagten leicht mit Befriedigung zu beantwortende Frage: ist der Kretinism wirklich etwas Angebohrnes, ein Bau, der sich vom Vater auf den Sohn fortpflanzt, ist es vielleicht eine erbliche Anlage, welche sich erst am Ende des ersten Lebensjahrs zu entwickeln anfängt, oder ist es ein widernatürlicher kranker Zustand, welcher in den tiefen Alpenthälern endemisch herrscht?

Man

Man kann wohl nicht zweifeln, daß es das letzte
sey, und daß nicht sowohl eine schon vorhandne Anlage,
als vielmehr eine allgemein herrschende Gelegenheitsursache
dieses Uebel hervorbringe; denn 1) zeugen ganz gesunde
Aeltern Kinder, welche mit zunehmenden Jahren zu Kretinen ausarten, 2) hat man die Beobachtung gemacht,
daß von Kretinen erzeugte Kinder von diesem Uebel nicht
befallen werden, wenn man sie in den Jahren ihrer ersten
Kindheit in höhere Gegenden gebracht hat; ja, was am meisten für diesen Satz beweist, ist, daß selbst Kinder, an
denen man deutliche Spuren des anfangenden Kretinism
gewahr wird, wenn man sie in höher gelegnen Orten er-
ziehen läßt, wieder gänzlich hergestellt werden, und von
diesem Uebel nachher befreyt bleiben.

Schwerer ist es allerdings zu bestimmen, zu was
für einer Klasse von Krankheiten der Kretinism gerechnet
werden müsse, und aus welchen Ursachen selber hauptsächlich entstehe. Auch diese Frage glaube ich, wo nicht mit
Gewißheit, doch mit einem hohen Grade von Wahrscheinlichkeit beantworten zu können. Die Kopfknochen am
Schädelgrunde sind nach oben gedrückt, und das Stück der
Wirbelsäule, welches sich am Kopfe ansenkt, und den Hals
ausmacht, beugt sich in eine Krümme nach vorne hin;
alle diese Knochen müssen also, als dieses geschah, sehr

weich

weich gewesen seyn, und nun glaube ich, behaupten zu können, daß ganz die nämliche Krankheitsursache hier ob: walte, welche bey uns die doppelten Glieder hervorbringt. Man pflegt zwar hauptsächlich die Aeußerungen dieser Krank: heitsursache an den äußern Gliedmaßen zu beobachten, wel: che der darauf gestützte Rumpf, und die daran befestigten Muskeln wegen ihrer widernatürlichen Weiche zu krümmen im Stande sind; allein wer weiß nicht, daß auch selbst die Knochenbrust, die Wirbelsäule und das Becken bey dieser Krankheit widernatürlich erweicht, und dann durch die ge: ringste Gelegenheitsursache gekrümmt werde? Eben so ge: wiß ist es, daß diese Krankheit selbst die Knochen des Kopfs nicht verschont lasse. Ich bin bereit, einem jeden Neu: gierigen zu zeigen, wie sonderbar diese Krankheitsursache die Kopfknochen eines kaum acht Wochen alten Kindes ver: ändert hat. Außerdem, daß dieselben ganz weich und halb: durchsichtig sind, als wenn sie aller erdigen Theile beraubt wären, sind sie dabey ganz schwammicht angeschwollen, und da sie gewöhnlich aus zwey Knochentafeln bestehen, welche Knochenzellchen zwischen sich aufnehmen, so scheint sich hier sowohl auf der innern, als äußern Seite eine neue, aber nicht so dichte Knochenlamelle anzulegen, und auf diese Art die Dicke des Knochens um ein merkliches zu vermehren.

Man

Man iſt im Stande, dieſe beyden neugebildeten ſchwam=
michten Knochenblättchen von den darunter gelegenen dich=
tern abzuſondern, beſonders wenn man einen ſolchen Kno=
chen eintrocknen läßt. — Können nun nicht auf die näm=
liche Art, und durch die nämliche endemiſch=herrſchende
Krankheitsurſache auch bey den Kretinen die Knochen des
Kopfs ſo erweicht worden ſeyn, daß durch die Schwere,
und das Herunterwiegen deſſelben wegen dem Widerſtand
der unterſtützenden Rückenſäule, eine merkliche Vertiefung
am Schädelgrunde entſtanden ſey? Dieſe Wahrſcheinlich=
keit wächſt zu einem Grad von Gewißheit, wenn wir be=
trachten, daß juſt diejenigen Stellen, welche am Schädel=
grunde die weichſten, die nachgiebigſten ſind, bey den Kre=
tinen zurückgewichen angetroffen werden; denn 1) beugt
ſich der Knochen gerade da nach oben, wo der Hinterhaupts=
theil (pars occipitalis) und die beyden Gelenktheile (partes
condyloideae) des Hinterhauptsbeins bey Kindern noch
durch eine knorpelartige Haut verbunden werden, in der
Gegend nämlich, wo nach hinten das große Hinterhaupts=
loch anfängt; 2) wird eben dieſer Knochen noch einmal ge=
krümmt, und in die Höhe gedrückt, wo die beyden Ge=
lenktheile nach vorne hin durch eine ähnliche knorpelichte
Verbindung den Grundfortſatz dieſes Beins (proceſſus ba-
ſilaris) aufnehmen. Es iſt alſo klar, daß zu der Zeit,

als

als diese Verändrung in den Schädelknochen geschehen ist, eine widernatürliche Weiche dieser Knochen vorhanden gewesen seyn müsse, und daß, nachdem dieselbe geschehen war, diese Knochen durch vermehrte Absetzung des erdigen Stoffes wieder erhärtet, und fester mit einander verbunden worden seyen.

Ich könnte hier meinen Lesern eine Mühe ersparen, und es dabey bewenden lassen, zu sagen: daß die Rachitis es sey, welche den Kopf der Kretinen so verunstaltet habe; allein, da ich auch den endemischen Ursachen dieser Krankheiten nachzuspüren gedenke, muß ich etwas weniges über die Theorie dieser Krankheit voraus schicken, wozu ich um so mehr Recht zu haben glaube, da mir keine Schrift bewußt ist, welche sowohl über die Ursachen als den Gang dieser Krankheit richtige Begriffe aufgestellt habe. Das am meisten auffallende Symptom dieses Uebels ist eine Weiche der Knochen, welche einzig von dem Mangel an Erdtheilchen in denselben entsteht. Dieses beweist der Augenschein, und unwidersprechlich der viel geringere Niederschlag, welchen die Vitriolsäure bewirkt, wenn man dieselbe in eine Auflösung dieser rachitischen Knochen in Salpetersäure schüttet; es fällt alsdann sehr wenig Selenit zu Boden, da im Gegentheil, wenn man den nämlichen Versuch mit einem gesunden Knochen macht, man eine

beträcht=

beträchtliche Menge Niederschlag erhält. Es gilt dieses
aber nur von den rachitischen Knochen im ersten Zeitraum
der Krankheit, in welchem man dieselben noch weich und
biegsam antrifft; denn, wenn sie einmal, wie es im zwey=
ten Zeitraum geschieht, wieder erhärten, enthalten dieselben
eine viel größere Menge erdigen Stoffes, als diejenigen
Knochen, welche von dieser Krankheit vorher nie angegrif=
fen waren. — Bestimmtere, und mit Genauigkeit an=
gestellte Versuche könnten dieses deutlicher erweisen, wenn
hier der schickliche Platz dazu wäre. Izt ist die Frage:
wie entsteht wohl diese Knochenweiche, da die Knochen
bey allen neugebohrnen Kindern eine größre Härte und Fe=
stigkeit haben, als dann, wenn sie wirklich nach einem
halben Jahre von dieser Krankheit befallen werden? —
Entweder müssen wenigere Erdetheilchen in die Knochen
selbst abgesetzt werden, oder die Sauggefäße müssen diesel=
ben in einem größern Verhältniß aus den Knochen wieder
ins Blut zurückführen, als sie durch die ernährenden Ge=
fäße in den Knochen selbst abgesetzt worden sind.

Aus mancher Rücksicht wird das Erste wahrscheinli=
cher, es wird bey den Kindern, welche an der Rachitis
leiden, nicht so viele Knochenerde abgesetzt, daß die Kno=
chen ihre gehörige Härte und Festigkeit erhalten können, —
darum bestehen dieselben dann nur größtentheils aus thieri=

scher

scher Gallerte, sind weich und biegsam. Die Ursache aber, warum die Knochen der Rachitischen die Erdtheilchen so sparsam durch die ernährenden Gefäße erhalten, liegt in folgenden Gründen:

Die Erde wird aus dem Blute abgesondert, und das Blut wird aus unsern Nahrungsmitteln und dem dar= aus im Magen und den Gedärmen bereiteten Chylus gebil= det, folglich muß diese Erde schon in unsern Nahrungs= mitteln liegen; allein wie wird wohl diese Erde daraus ent= wickelt? — Sie wird abgesondert, sagen die Physiolo= gen, — es gibt besondre Gefäße in den Knochen, welche bloß die erdigen Theile vermöge ihrer auf diese nur allein sich äußernden Anziehungskräfte trennen, — so wird in der Leber die Galle, in den Hoden der Saame, in der Speicheldrüse der Speichel von den diesen Organen eignen Gefäßen aus der Blutmasse abgesondert. Ich habe nichts gegen diese Erklärung; allein sie scheint mir doch bey wei= tem nicht hinreichend, um mir von dem Absonderungsge= schäfte einen deutlichen, vollständigen Begriff zu geben. Ich setze noch hinzu, daß, wenn die absondernden Gefäße als Haarröhrchen auf die abzusondernde Feuchtigkeit wirken sollen, die Flüssigkeit, woraus sie schöpfen, sehr ungleich= artig seyn müsse, weil die Anziehungskräfte eines Haar= röhrchens bey weitem geringer sind, als diejenige Kraft,

womit

womit sich die verschiednen Theile eines homogenen Körpers selbst anhängen. Das Blut ist wirklich eine zu gleichartige Flüssigkeit, so gut, wie der Chylus und die Milch; es können also unmittelbar aus dem Blute keine andern Säfte abgeschieden werden, und es muß derjenige Saft, woraus die Absonderung geschieht, viel ungleichartiger als das Blut seyn. Um hierüber deutliche Begriffe zu liefern, muß etwas weiter ausgeholt werden. Das rothe Blut rinnt in den Arterien und Venen, eh es aber aus den Arterien in das erste zurückführende Venenstämmchen übergeht, zertheilt sich am Ende die kleinste Arterie in unzählige Aestchen, welche alle neben einander liegen, sich umbiegen, wieder sammeln, um so in die Venen überzugehen. Einspritzungen und mikroskopische Untersuchungen lassen über das Gesagte keinen Zweifel mehr übrig; 21) so, wie eben diese zeigen, daß ein jedes dieser kleinsten arteriösen Geflechte in einem besondern Fächgen des durch den ganzen Körper verbreiteten zellichten Gewebes enthalten ist. In jedes dieser Zellchen nun schwitzt aus dem arteriösen Plexus eine ungefärbte Flüssigkeit aus, und hier in jedem dieser Zellchen ist der Ort, in welchem dieselbe ungleichartig, und folglich geschickt wird, die ernährenden Theilchen abzugeben.

21) Mascagni vasorum lymphaticorum historia et ichnographia. Senis 1787. Sect. II.

ben. Die in die Zellchen ausgeschwitzte Feuchtigkeit stockt nun in denselben, und fängt an, durch die angehenden Grade der Fäulniß sich allmählig in seine Bestandtheile zu trennen. Die aus jedem Zellchen herausgehenden Saug= gefäße saugen nach der spezifischen Schwere der getrennten Theilchen und dem Verhältniß dieser Schwere mit der Dichte ihrer Wände bald diesen, bald jenen Saft aus den Zell= chen, und führen denselben wieder in das Blut zurücke; diejenige Feuchtigkeit aber, oder damit ich mich faßlicher ausdrücke, dasjenige kleinste Theilchen, welches nicht den der Dichte der Wände der einsaugenden Gefäße analogen Grad von spezifischer Schwere hat, bleibt zurück, hängt dem Zellchen selbst an, und ersetzt auf diese Art das, was durch einen fortschreitenden größern Grad von Fäulniß in seine ferneren Bestandtheile aufgelöst, von demselben losge= rissen, und geschickt wird, durch die einsaugenden Gefäße wieder aufgenommen, und ins Blut zurückgebracht zu wer= den, in welchem dasselbe dann entweder durch die reini= genden Organe wieder ausgeführt wird, oder, indem es wieder durch die Arteriengeflechte in andre Zellchen ausschwitzt, denjenigen anhängt, mit welchen seine spezifische Schwere am meisten übereinkommt. Auf diese Art werden immer aus dem Blute neue Theilchen abgesetzt, und andre wieder durch die Sauggefäße weggebracht. Diese Erklärung ver=

breitet

breitet ein helles Licht über die Art der Ernährung im thie=
rischen Körper.

Alle Theile des thierischen Körpers bestehen aus dem
Fächergewebe. Gefäße, Eingeweide, Muskeln, Ner=
ven, Knochen, und die alles umkleidende Haut sind aus
diesen Zellchen zusammen gesetzt, nur hat jedes dieser Theile
seine besondern Zellchen, welche von denen eines andern
Theils in Rücksicht ihrer Dichte verschieden sind: so unter=
scheidet sich das Zellchen eines Eingeweides von dem eines
Muskels, und dieses von dem Zellchen eines Knochens in
Rücksicht der Dichte. Auf eben diese Weise unterscheidet
sich die Dichte der Wände der aus jedem dieser Zellchen ent=
springenden Lymphgefäße.

Damit die Ernährung geschehen könne, muß die
Dichte der Sauggefäße mit jener der Zellchen im umgekehr=
ten Verhältniß stehen, — das heißt: die Sauggefäße
müssen im Stande seyn, alle diejenigen Theile wieder auf=
zusaugen, die vermöge ihrer spezifischen Schwere in Rück=
sicht der Zellchen denselben nicht anhängen können.

In allen Flüssigkeiten, die verschiedne Theile in ih=
rer Mischung haben, herrscht eine innere Bewegung, wel=
che dieselbe Flüssigkeit oft beträchtlich zu verändern im Stan=
de ist, indem bald diese, bald jene Bestandtheile inniger
mit

mit einander verbunden, oder getrennt, nun in diesem, nun in jenem Verhältniß mit einander vereinigt werden. Enthalten diese Flüssigkeiten vielen mit Säure vereinigten Brennstoff, so nennt man diese Selbstzerstöhrung eine Gährung; bey andern Säften hingegen, welche diese Bestandtheile nicht entwickeln, nennt man diese Veränderung Fäulniß.

Die thierischen Säfte faulen alle, ihre Bestandtheile trennen sich nach und nach, so wie die zusammengesetzteren Theilchen an die Urstoffe gränzen. Diese Trennung geschieht am allermeisten in den Zellchen; — das erste ist die Scheidung der thierischen Lymphe in Schleim und Waßer, wenn die feineren Lymphgefäße nur das Wasser aufsaugen, welches denselben aufgelöst enthielt; dieser Schleim scheidet sich dann wieder in Erde, feuerfestes Laugensalz und thierisches Oehl; aus letzterm entwickelt sich durch ferneren Fortgang der inneren Zerstöhrung eine große Menge Brennstoff, eine Säure und Erde. Der entwickelte Brennstoff durchdringt den ganzen thierischen Körper, und trägt dazu bey, denselben immer in einem größeren Grad von Wärme zu erhalten, als die ihn umgebende Atmosphäre. Von diesen aus den thierischen Säften getrennten Grundtheilen hängt nun bald dieser, bald jener diesem oder jenem Zellchen an, nach der der spezifischen Schwere des Grundtheils

theils analogen Dichte des Zellchens, und so geschieht es dann, daß dadurch dieser oder jener Theil ernährt werde.

Alle übrigen Grundbestandtheile aber werden von den Sauggefäßen wieder aufgenommen, und indem sie auf dem Rückwege in verschiednen Geflechten und Drüsen sich mit andern Theilchen wieder verbinden, ins Blut gebracht, um daraus entweder von neuem, um andre thierische Theile zu nähren, wieder geschieden, oder als ungeschickt zu dieser Verrichtung durch die reinigenden Organen geschafft zu werden.

Noch unbekannt ist uns die Art, wie vegetabilische Substanzen zum Theil schon in den Verdauungswegen durch Zumischung thierischer Säfte so verändert werden, daß sie zur Ernährung thierischer Substanzen fähig sind. Daß dieses aber geschehe, davon liefern uns die viel zusammengesetzteren Verdauungswerkzeuge derjenigen Thiere, die sich blos von Pflanzen nähren, die redendsten Beweise. Gewiß ist es, daß man in den Bestandtheilen der festen Theile, und in den abgeschiedenen Säften nicht mehr im Stande ist, eine vegetabilische Säure zu entdecken. Die einzige Säure, welche man im thierischen Körper antrifft, ist die Phosphorsäure, welche sich aber auch nicht frey, sondern meistens mit Kalkerde, wie sie selbst in die Zusammen

menſetzung thieriſcher Theile tritt, oder mit Laugenſalz ver⸗
bunden, wie man dieſelbe bald in größrer, bald in gering⸗
rer Menge im Urin aufgelöſt findet, im Körper zeigt.

Die den Nahrungsmitteln im Zwölffingerdarm bey⸗
gemiſchte Galle ſcheint hauptſächlich, vielleicht durch eine
Beymiſchung von brennbarem Grundſtoff geſchickt zu ſeyn,
jede vegetabiliſche Säure in eine thieriſche umzuändern.

Verbindet ſich die Phosphorſäure mit der aus den
Nahrungsmitteln im thieriſchen Körper entwickelten Kalk⸗
erde, ſo entſteht ein erdiges Mittelſalz, welches ſich weder
im Waſſer, noch in einer der übrigen thieriſchen Feuchtig⸗
keiten auflöſen läßt, und blos den thieriſchen Säften me⸗
chaniſch beygemiſcht, und geſchickt iſt, wenn es in ein
Knochenzellchen gebracht wird, demſelben anzuhängen, und
es zu ernähren.

Jede vegetabiliſche Säure löſt zwar auch die Kalkerde
auf, aber nicht ſo, daß der daraus entſtandne Körper im
Waſſer unauflöslich wäre; vielmehr löſt ſich dieſe Miſchung
in jeder thieriſchen Feuchtigkeit ſo auf, daß die Verbindung
der Erde mit der Säure innig mit dem Waſſer gemiſcht
werden kann. Würde eine ſolche gleichartige Feuchtigkeit,
worin eine Pflanzenſäure Erdetheilchen aufgelöſt enthält,
in ein Knochenzellchen kommen, ſo wäre dieſelbe in dieſem

aufge⸗

aufgelösten Zustande nicht geschickt, den Zellchen anzuhän=
gen, und die ganze gleichartige Flüssigkeit würde von den
Sauggefäßen wieder aus den Zellchen gebracht, und als
zur Ernährung untüchtig aus dem Körper geschafft werden.
Kömmt eine solche Pflanzensäure, welche in den ersten
Wegen nicht verändert werden konnte, ins Blut, und
aus diesem in die Lymphe des menschlichen Körpers, so
wird dieselbe auch noch die Erde, welche in diesen Gefäß=
chen, den zusammengeballten Drüsen und den Zellchen durch
allmählige Selbstzerstöhrung der thierischen Feuchtigkeiten
entwickelt wird, wieder auflösen, und dieselbe zum Anhän=
gen an die festen Theile, das ist, zur Ernährung untaug=
lich machen.

Den Pflanzensäuren verdient auch noch eine thieri=
sche Säure an die Seite gesetzt zu werden, welche die Ei=
genschaften jener noch in einem zu hohen Grade besitzt,
als daß man sie für gänzlich in die thierische Natur um=
geändert angeben könnte. Ich meine diejenige, welche aus
der Milch durch die ersten Grade der Selbstzerstöhrung ent=
wickelt wird; auch diese Säure löst die Erdtheilchen so
auf, daß sie dem Wasser mischbar, und folglich zur Er=
nährung ungeschickt werden. 22) —

Man

22) Herr Fauchy und Geoffroi haben einen elfenbeinernen
   Löffel in sauer gewordner Milch weich und biegsam werden

C   gese=

Man ſieht hieraus, wie ſehr die härteren, feſteren
Theile hiedurch verändert werden müſſen; die Knochen wer;
den aus Mangel an Erdeſtoff nun in einem weichen bieg;
ſamen Zuſtande erſcheinen, und die daran befeſtigten Mus;
keln werden dieſelben zu krümmen und auf verſchiedne Art zu
verändern im Stande ſeyn.

Aber auch ſelbſt in den weichen Theilen wird eine
merkliche Veränderung vor ſich gehen: Muskeln, Gefäße
und Bänder erhalten durch einen nicht geringen Antheil an
Erdeſtoff ihre Feſtigkeit und ihren Zuſammenhang; wenn
nun aber dieſer erdige Beſtandtheil durch eine Pflanzenſäure
aufgelöſt, und dadurch dem Waſſer miſchbar wird, ſo ver;
liehrt er die Kraft, dieſen Theilen anzuhängen, und kann
ſie

geſehen. *Hiſtoire de l'Academie* 1743. *Obſ. de Phyſ.* cap. 13.
Allein ſchon Roneïle (*Journal de Medicine*, Oƈobre 1777.) hat
angemerkt, daß das Elfenbein wenig Phosphorſäure enthalte.
Wie kömmt es aber, daß auch ſogar menſchliche Knochen
außer dem Körper in Milchſäure und Eſſig weich werden,
wie dieſes Ruyſch a) und Hunauld b) durch Erfahrungen
beſtätigt haben? Es ſcheint, als wenn dieſe beyden Säuren
die Knochenerde zerſetzt, und die Phosphorſäure entbunden
hätten.

a) Theſaurus anatomicus ſextus Nr. 13. Theſaur. max. Nr.
1611. Theſaur. novus Nr. 129.

b) Hiſtoire de l'Academie roïale des ſciences 1742.

ſie deswegen nicht ernähren; dabey aber erhalten dieſe Theile weniger Feſtigkeit, und einen geringen Grad von Zuſammenhang. Selbſt die Reizbarkeit wird vermindert, weil die Anlage dazu, die Spannkraft nämlich, und der gehörige Tonus der Theile fehlt; denn um dieſen zu erhal⸗ ten, muß eine beſtimmte Menge von Erdeſtoff mit in die Zuſammenſetzung treten; da nun dies alles bey der Rachi⸗ tis durch die die Erdetheilchen auflöſende Pflanzenſäure verhindert wird, ſo entſtehen die bey dieſer Krankheit bemerk⸗ ten Zufälle, nämlich die bleiche Farbe, der aufgedunſene. Körper, der Waſſerkopf, der dicke und harte Unterleib, u. ſ. w.

E 2   Der

hätten. Die Sache verhält ſich anders: weder der Eſſig noch die Milchſäure ſind im Stande, die Kalkerde von der Phosphorſäure zu trennen, c) aber nur allzuleicht überſättigt ſich die Kalkerde mit der Phosphorſäure, und wird alsdann im Waſſer auflöslich; wenn alſo gleich dieſe beyden ſchwä⸗ chern Säuren nicht im Stande ſind, für ſich allein die Phos⸗ phorſäure von ihrem Grundbeſtandtheile zu trennen, ſo kann doch durch eine doppelte Anziehung möglich werden, daß ein Theil der Erde ſich wirklich mit dem Eſſig, oder der Milch⸗ ſäure verbindet, indem zu gleicher Zeit der übrige Theil des Phosphorkalchſalzes ſich mit der Phosphorſäure überſättigt.

c) Bergmann de attractionibus electivis §. 33. in opuſc. phyſ chem. pag. 379.

Der Wasserkopf begleitet fast immer die Krankheit. Die sehr schlaffen Blutgefäße in der Gefäßehaut des Hirns lassen die dünnere Flüssigkeit, welche dem Blute in großer Menge beygemischt worden, sowohl in die Zellchen dersel=ben über die Oberfläche des Gehirns, als durch das Ge=fäßgeflechte, welches aus demselben Häutchen gebildet wird, und die Hirnhöhlen durchwandert, ausschwitzen. Da nun diese Gefäßchen dem aus dem Herzen ange=triebnen Blute nicht hinreichend widerstehen können, so bringt diese Feuchtigkeit durch die ausgedehnten Wände. Hat es sich einmal im Schädel ergossen, so werden die weichen und nachgiebigen Schädelknochen leicht aus einan=der gedehnt, welche Ausdehnung doch am meisten die die Schädelknochen vereinigenden knorpelichten Membranen be=trifft. Hierin liegt die Ursache, warum der Kopf der Ra=chitischen so sehr am Umfange zunehme.

Der Unterleib wird in dieser Krankheit sehr ausge=dehnt, theils wegen den angewachsnen Drüsen im Gekröse, theils wegen der den Darmkanal aufblähenden Luft. — Die Luft, welche durch die Auflösung und Zerstöhrung uns=rer Nahrungsmittel entwickelt wird, wird bey Gesunden entweder durch das beständige Zusammenziehen des wurm=förmig sich bewegenden Darmkanals wieder mit dem Milch=

saft

ſafte innig verbunden, oder als unnütz durch die bekannten Wege aus dem Körper geſchafft. Bey den Rachitiſchen hat der über ſeinen gewöhnlichen Durchmeſſer ausgedehnte Darmkanal alle Spannkraft verlohren, und iſt nicht im Stande, durch eigne Zuſammenziehungskräfte die in demſelben enthaltene Luft dem Milchſafte beyzumiſchen, oder fortzuſchaffen.

Oft nehmen die Eingeweide des Unterleibes, beſonders die Milz und die Leber, ſchier allezeit die lymphatiſchen Drüſen des Gekröſes ſehr am Umfange zu. Seit Boerhaave's Zeiten pflegte man dieſe vergrößerten Eingeweide und Drüſen verſtopft oder verhärtet (glandulae vel viſcera obſtructa, indurata) zu nennen; aber der geſchickte und denkende Zergliederer Herr Rezia, Profeſſor der Phyſiologie in Pavia, überzeugte uns durch Thatſachen, daß nicht allein die Gefäße in einem ſolchen Eingeweide oder Drüſe nicht verſtopft, ſondern vielmehr ausgedehnt, und zwar in dem Verhältniſſe erweitert ſeyen, in welchem das vergrößerte Eingeweide an Umfang zugenommen habe. 23) Alſo auch dieſes beweiſt, daß wir uns in der Erklärung der Wirkungen der rachitiſchen Urſache

nicht

---

23) Specimen obſervationum anatomicarum et pathologicarum. Ticini 1784. pag. 18.

nicht betrogen haben; — es fehlt den Gefäßen an gehöri-
ger Festigkeit, an der erfoderlichen Spannkraft, sie geben
gerne nach, und lassen sich sehr leicht ausdehnen, weil ihnen der Erdestoff fehlt, welcher von einer Pflanzensäure
aufgelöst, und daher nicht im Stande ist, in ihre Zusammensetzung zu treten.

Am allerauffallendsten ist die Veränderung, die in
den Knochen der Kinder, welche an dieser Krankheit leiden,
vor sich geht, obgleich dieselben die nämlichen Veränderungen
erleiden, welche auch die übrigen Theile, wovon wir eben
sprachen, verunstaltet. Die Knochen des Körpers bestehen,
so wie alle übrigen Theile desselben, aus Zellchen, in welchen
die kleinsten Arteriengeflechte hervorragen, um aus dem
Blute den ernährenden Saft dahin abzusetzen, und aus
welchen Sauggefäße gehen, welche die zur Ernährung un-
tüchtigen Theile wieder aufnehmen, und ins Blut zurück-
bringen. Der vornehmste und der in der größten Menge
aus dem Blute in diese Zellchen abgesetzte Bestandtheil ist
die Erde; diese kann aber bey Rachitischen wegen der leich-
ten Auflösbarkeit im Wasser diesen Zellchen nicht anhängen,
es fehlt also denselben dieser nöthige Bestandtheil entweder
gänzlich, oder doch größtentheils, die Knochen werden daher lockerer und weicher. Die Gefäße selbst sind, wie ich

erin-

erinnert habe, leicht ausdehnbar, sie werden daher dem
Andrange des dieselben ausdehnenden Blutes, so wie in
andern Theilen, auch in den Knochen weniger Widerstand
leisten, und sich in ihrem Lichten sehr erweitern. Dies
wird in den Knochen um so mehr geschehn müssen, da die
Substanz derselben, welche sonst der Ausdehnung der Gefäße ihrer Härte und Festigkeit wegen Gränzen setzte, nun
denselben nachgeben, und durch sie selbst ausgedehnt werden muß. Es belehrt uns auch der Augenschein, daß gerade die Theile der Knochen um so mehr ausgedehnt werden, je weniger Härte sie besitzen, — am bekanntsten ist
das bey den Röhrenknochen, man weiß, daß sie an ihren
Enden viel stärker anschwellen, als in ihrer Mitte. Die
Anzahl der Zellchen an den Knochenenden ist die nämliche,
als in ihrem dichteren Mittelstücke; nur liegen sie an ihren
Enden lockerer, und machen daher von außen diese Ansätze
dicker und hervorstehender, auch gehen in denselben die
Zellchen durch und durch, und bilden bey ihrer Oberfläche
einen etwas dichteren Ueberzug; hingegen in dem Mittelstücke eines jeden zylindrischen Knochens liegen die Zellchen ge-
drängt an einander, so daß man dieselben nicht allein nicht
mit bloßem Auge erkennen kann, sondern sie wegen ihrer
im Durchschnitt glänzenden Dichte die kompakte Substanz
zu nennen pflegt. Ihre Dicke beträgt kaum einige Linien;

E 4   man

man findet daher bey Rachitischen die Knochenenden mehr angeschwollen, als ihr Mittelstück, theils weil jene ein viel lockeres Gewebe haben, als dieses, theils weil mehrere und größere Blutgefäße in die Knochenansätze dringen, als in ihren Körper. Das Nämliche läßt sich von den übrigen Knochen des Körpers sagen; man wird überall antreffen, daß, je schwammichter ihr Gewebe ist, desto mehr dieselben durch diese Krankheit verunstaltet werden. Die Enden der Rippen sowohl nach hinten, wo sie sich durch ihre Köpfchen an die Rückensäule anlenken, als nach vorne, wo sie sich mit den Knorpeln verbinden, werden dicker, und schwellen stärker an. Die Wirbelbeine verdicken sich mehr in der Mitte, als an ihren beyden Enden, wo sie ein bandartiger Knorpel vereinigt; daher man auch noch nachher, wenn die Knochenweiche schon gänzlich verschwunden ist, die Wirbelkörper nicht so ausgeschweift und ausgebogen antrifft, als sie gewöhnlich zu seyn pflegen.

Die Kopfknochen bleiben von diesem Weichwerden und dieser Anschwellung nicht frey; ich fand sehr oft die Scheitelbeine, das Stirnbein, die beyden Oberkiefer so biegsam, daß ich selbe ohne alle Gewalt mit den Fingern auf einander zu rollen im Stande war.

Dieses

Dieses sind alles Erscheinungen, welche bey Rachi=
tischen im ersten Zeitraume der Krankheit beobachtet wer=
den; nur noch eine Veränderung verdient hier bemerkt zu
werden, welche viel Sonderbares hat, und wovon ich schon
oben etwas im Vorbeygehen gesagt habe: diejenige Mem=
bran, welche überall fest auf dem Knochen sitzt, und durch
und durch mit Gefäßen durchzogen ist, die aus ihr in den
Knochen dringen, leidet auf ihrer innern Seite die wun=
derbarste Veränderung. Es setzen sich nach der Seite hin,
welche dem Knochen zugekehrt ist, die Zellchen dieser Bein=
haut bis in den Knochen selbst fort, und hängen mit je=
nen der äußern dichten Knochenwand so zusammen, wie
die Fächer des zwischen den Muskelfasern sich befindenden
losen Zellstoffs mit dem Zellstoff dieser Fasern selbst; weil
nun hier die Gefäße so sehr ausgedehnt sind, so werden die
der äußern Knochenlamelle zugekehrten Zellchen der Bein=
haut, welche sonst nur eine dünne wäßrige Feuchtigkeit auf=
nehmen sollten, nun auch mit einer mit wenigen Erdtheil=
chen versetzten Gallerte angefüllt, und es bildet sich eine
sonderbare Kruste, welche zwar etwas weicher, als der
darunterliegende Knochen ist, sonst aber an äußerem Anse=
hen nicht sehr von der Beschaffenheit des erweichten Kno=
chens verschieden zu seyn scheint. — Man findet diese
widernatürliche Veränderung, auf welche noch, so viel ich

E 5 wenig=

wenigſtens weiß, kein praktiſcher Anatom aufmerkſam war, an allen den Knochen, welche an dieſer Krankheit leiden, mehr oder weniger: ſtärker nimmt man ſie wahr an den Endanſätzen derſelben, als an ihrem dichtern Mittelſtücke, — deutlicher und dicker iſt dieſer ſchwammige Anſatz an den Körpern der Wirbelbeine, als an ihren dichtern Bogen.

Ein ſonderbares Anſehn erhalten dadurch die Knochen des Schädels; — außerdem, daß dieſelben lockerer und dicker werden, verliehren ſie auch ihre gewöhnliche weiße Farbe, und bekommen eine graue Oberfläche, — doch erhält ſich der neue widernatürliche Anſatz nicht ſowohl gegen die Mitte der Knochen, als gegen ihre Ränder hin. Es iſt bekannt, daß an den Stellen, wo die Knochenkerne entſtehen, die Schädelknochen bis zu ihrem Rande hin immer dünner und lockerer werden. Eben ſo verhält es ſich mit der dieſe Knochen überziehenden Beinhaut, und daher geſchieht es nun auch, daß dieſes neue Knochenblättchen nur in einer gewiſſen Entfernung vom Mittelpunkt der Beinerzeugung ſich anlegt, und da dieſes grauer iſt, als der Knochen ſelbſt, ſo ſieht man in einem ſkeletirten Kopfe eines rachitiſchen Kindes die beſtimmten Gränzen dieſer neuen Lamelle. Eben dieſer neue Anſatz nimmt auch immer an Dicke zu, je weiter er ſich vom Knochenkern entfernt, und wenn er gleich bey ſeinem Anfang gegen den Knochen-

punkt

punkt hin kaum eine halbe Linie beträgt, so enthält seine
Breite beym Rande wohl vier Linien, ja sogar einen halben Zoll. Ich habe so eben mehrere Knochen von rachitischen Schädeln vor mir, wo ich im Stande bin, sowohl
von der inneren als äußern Knochentafel zwey andre Blätt-
chen zu trennen, deren jedes das eigentliche Knochenblatt
an Dicke bey weitem übertrifft.

Es sind dieses die Zufälle, welche im ersten Zeitraume der Krankheit entstehen, ganz entgegengesetzt denjenigen, welche im zweyten Zeitraume folgen, wo die Knochen allmählig wieder erhärten, und manche üble Körpers-
beschaffenheit, welche zuerst hervorgebracht wurde, nun
wieder verbessert, und fast gänzlich gehoben wird; es erhalten nämlich bey zunehmenden Jahren die mit dieser Krankheit befallenen Kinder festere Nahrungsmittel, Speisen,
welche mehr Erdetheilchen enthalten, und da nun diese in
Verbindung mit dem thierischen Leim mit in die Zusammensetzung der Gefäßhäute treten, so erhalten diese dadurch einen größern Grad von Elastizität, mithin mehr Vermögen
sich zusammen zu ziehen, und sich zu verengen. Dieser
Umstand bewirkt, daß die Werkzeuge der Verdauung diejenigen Säfte, wie z. B. die Galle, der Gekrösdrüsensaft,
welche fast alles zur Zersetzung unsrer Nahrungsmittel beytragen,

tragen, in einem mehr konzentrirten Zustande absondern, in welchem dieselben im Stande sind, vegetabilische Substanzen in die thierische Natur umzuändern.

Es werden alsdenn auch die Pflanzensäuren sehr leicht, auf eine uns noch unbekannte Art in die Phosphorsäure umgeschaffen, welche mit den Erdetheilchen einen in den thierischen Feuchtigkeiten unauflöslichen Phosphorselenit gibt, und auf diese Art geschickt wird, in die Zusammensetzung der Knochen zu treten.

Allmählig nun, so wie der Absatz der neuen Knochenerde geschieht, erhärten die sonst ganz weichen biegsamen Knochen, und da dieselben durch die Aktion der Muskeln, die an ihren Enden befestigt sind, ganz gekrümmt waren, so erhalten sie nun durch die ihnen angesetzten Erdetheilchen nach und nach eine Schnellkraft, und ein Bestreben in ihren vorigen Zustand zurückzugehen, so, daß dieselben nicht selten ihre natürliche Gestalt völlig wieder erhalten. Es geschieht dies freylich nicht immer, besonders in den Fällen nicht, wo die widernatürliche Verdrehung zu stark war, und selbst die Muskeln schon um vieles kleiner geworden sind, als sie in ihrem natürlichen Zustande seyn sollten; denn hier ist es nicht mehr möglich, daß der naturähnliche Zustand wieder zurückkehre, die Knochen erhärten, und

es

es bleibt keine Hofnung mehr übrig, daß dieselben je wieder eine andre Gestalt bekommen, die Gliedmaßen behalten ihre Krümme, und die Verdrehung des Rückgrates verunstaltet nun für immer den mit dieser Krankheit in seiner Jugend behaftet gewesenen Menschen. Die Näthe der Kopfknochen gehen nicht mehr ganz zusammen, sondern sie liegen wie Schuppen an einander, und lassen auch noch wohl einige Entfernung zwischen sich, und wo die Membranen, die in der ersten Kindheit die Beine des Schädels verbanden, zu sehr ausgedehnt waren, bilden sich neue Knochenkerne, welche im Anwachsen durch Zacken in einander greifen, und auf diese Art den Schädel verschließen.

Auch der starke Eindruck am Schädelgrunde der Kretinen, diese starke, widernatürliche Vertiefung, welche die wesentliche Ursache des Kretinism enthält, verlöscht nie wieder, und legt nun den unveränderlichen Grund zu einem für immer elenden Leben dieser Unglückseligen. Die Last des schweren Kopfes wiegt auf die Rückensäule herunter, und diese herunterdrückende Kraft ist immer viel größer, als die Ausdehnung der in diesem Zeitraum einige Schnellkraft gewinnenden Schädelknochen.

Es kömmt noch hinzu, daß das Hinterhauptsbein zu dieser Zeit noch kein einziger zusammenhängender Knochen

chen ist, und daß dasselbe gerade an den Stellen gebogen wird, wo seine Theile durch knorpelichte Verbindungen zusammenhängen, nämlich sowohl da, wo der Grundfort# satz sich mit den Gelenkfortsätzen, als wo diese sich mit den Hinterhauptstheile verbinden. Es läßt sich deswegen auch nicht einmal von der Schnellkraft, welche sich dann vorzüg# lich äußert, wenn der Knochen wieder einige Grade von Härte zu erhalten anfängt, etwas erwarten. Man be# merkt dieses auch in dem völlig ausgewachsnen Schädel der Kretinen. Die Vertiefung und der Eindruck am Schädelgrunde bleiben, und die Knochen erhalten eine noch größere Festigkeit, werden dichter und härter, als jene, welche niemals diese Veränderung der Härte erlitten haben.

Ich setzte die nähere Ursache der Rachitis und folg# lich auch des Kretinismus in eine im thierischen Körper un# veränderte Pflanzensäure, welche, indem sie die Erde auf# gelöst hat, und in diesem Falle nun mit dem Wasser misch# bar macht, verhindert, daß diese Erde an ihren bestimm# ten Ort abgeschieden wird; ich sagte dann auch, daß die Veränderung' der Pflanzensäuren in die Phosphorsäure nur einzig in den Verdauungswegen geschehen müsse; nun ent# steht die Frage: warum geschieht diese Veränderung nicht bey rachitischen Kindern und bey den Kretinen, welches

ist

ist die entferntere Ursache dieser Krankheit? — Wenn man überlegt, an welchen Orten man dieses Uebel am häufigsten findet, so wird man ohne viele Mühe auf diese Frage sich selbst antworten können. Häufiger trifft man diese Verunstaltung in Städten, als auf dem Lande, häufiger an feuchten und sumpfigten Orten, als an trocknen, — und am häufigsten in den sehr bevölkerten Seestädten. Es ist eine richtige Bemerkung, daß in Amsterdam, und in andern volkreichen Handelsstädten der holländischen Provinzen diejenigen Kinder, welche in unterirdischen Gewölbern erzogen werden, am allermeisten an diesem Uebel leiden, ja man soll fast unter allen diesen kein einziges Kind finden, welches von dieser Krankheit ganz frey sey, da im Gegentheil schon bey denen, welche oben an der Erde wohnen, das Uebel merklich abnimmt, und in dem obern Stock der Häuser fast gar nicht mehr angetroffen wird, — woher diese Verschiedenheit? Man weiß, daß wegen der großen Volksmenge viele Leute aus der niedrigern Klasse gezwungen sind, diese unterirdischen Keller sich zu Wohnplätzen zu wählen, — diese Gewölbe stehen nun meistens, wie in Amsterdam, ganz in Wasser, und Kalk und Draß allein verhindert, daß dasselbe nicht die Wände durchbreche, und die Zimmer anfülle; allein demohngeachtet dringt es doch

in

in kleinen Tropfen durch die Wände, und hängt in Dün#
sten der Luft dieses unterirdischen Wohnplatzes an. Eben
so, nur in einem geringeren Grade, verhält es sich mit den
niedrigen Stockwerken. Die Häuser dieser Städte sind
meist sehr hoch, und die Straßen sehr enge, — man be#
greift daher leicht, daß die untere der Erde nahe Luftschicht
mit Wasserdünsten mehr gesättigt seyn müsse, als die
obre; auch sieht man leicht ein, daß eine Veränderung
der Luft wegen der Enge und den Winkeln der Gassen
nicht oft möglich wird.

Es muß also die mit feuchten Dünsten angeschwän#
gerte Atmosphäre die Ursache der Rachitis seyn.

Alle unsre Säfte sind mit Wasser gemischt, und die#
ser Elementarstoff ists, worin alle Theilchen, welche ei#
nen Saft so wesentlich vom andern unterscheiden, aufge#
löst sind, — es wird mithin auch das Wasser in all un#
sern Absonderungsorganen abgeschieden, und ist das ge#
meinschaftliche Menstruum aller thierischen Substanzen,
es erhält die Flüssigkeit der Galle, des Gekrösdrüsensafts,
des Speichels, u. s. w., ja ohne dasselbe wäre es nicht mög#
lich, daß eine Absonderung vor sich gehen könnte, — das
Blut selbst würde ohne selbes zu einer festen Masse erhär#
ten, und in den Gefäßen stocken.

So

So unentbehrlich indessen das Wasser zur Erhaltung der thierischen Maschine ist, so ist doch ein gewisses Verhältniß dieser Flüssigkeit gegen die darin aufgelösten, oder nur damit gemischten thierischen Substanzen eben so nothwendig. Ist unsern Säften zu wenig Wasser beygemischt, so läuft dasselbe träg durch die Adern des Körpers, und verstopft entweder ganz die kleinen Röhrchen, oder ist wegen seiner großen Zähigkeit nicht im Stande, durch die kleinsten Geflechte der Arterien in die Zellchen durchzuschwitzen, worin doch einzig und allein, wie ich oben gelehrt habe, die Abscheidung geschieht. Eben so verhindert eine dem Blute beygemischte zu große Wassermenge die Absonderung; je mehr nämlich die Säfte durch Wasser verdünnt werden, desto näher kommen sie sich in Rücksicht ihrer spezifischen Schwere, und da hievon ganz allein die Abscheidung abhängt, so sieht man ein, daß, obgleich alle Absonderungen in großer Menge geschehen, dennoch in Rücksicht der von der Natur erzielten Verschiedenheit der Zweck nicht erreicht werde. Neben dem muß man mir zugeben, daß eine jede abgesonderte Flüssigkeit, welche mit zu vielem Wasser verdünnt ist, dadurch uns schickt werde zu jenen Verrichtungen, zu welchen die Natur dieselbe bestimmt hat, wenn der Speichel, der Gekrösdrüsensaft, die Gal-

F   le,

le, mit vielem Waſſer gemiſcht ſind, kann man wohl jene Kräfte von denſelben erwarten, die ſie bey dem Verdauungsgeſchäft in einem ſo hohen Grade zeigen?

Aus eben dem Grunde werden die verdünnten, und daher unwirkſam gemachten Verdauungsſäfte auch nicht im Stande ſeyn, Pflanzennahrung in thieriſche Subſtanzen umzuändern, und hierin liegt alſo der erſte Grund der bey Kindern, welche an feuchten Orten erzogen worden ſind; gar nicht ſeltnen Krankheit der Rachitis, — weil nämlich dieſelben bey dieſer Anlage die Säure, welche ſich aus der Milch entwickelt, in eine wahrhaft thieriſche den Erdſtoff bindende Säure umzuändern nicht im Stande ſind; denn die Säfte des Magens und der Gedärme, die Galle, der Gekrösdrüſenſaft, welche alle auf die Nahrungsmittel wirken ſollen, ſind durch zu viel Waſſer verdünnt, und daher zu dieſer Verrichtung zu unkräftig.

Das Geſagte wird durch die Leichenöfnungen der an dieſer Krankheit verſtorbnen rachitiſchen Kinder in einem hohen Grade beſtätigt; ſehr hervorſtechend zeichnet ſich in dieſen Leichen die Gallenblaſe aus, welche ſtatt einer dicken

gelben

gelben Galle nur eine dünne gelblich-weiße Flüssigkeit enthält; sie selber ist durch das Durchschwitzen dieser Flüssigkeit nur wenig, oder gar nicht gefärbt, da doch in andern
Leichen nicht nur derselben eigne Häute, sondern auch das
darunter liegende Gekröse, und ein Theil des dicken Darmkanals eine gesättigte gelbe Farbe zeigen.

Das Vorgetragne wird hinreichend seyn, zu beweisen, daß die erste Ursache dieser Krankheit eine mit zu vielen Wassertheilen gesättigte Atmosphäre sey, — und daß
eben dieses die wahre und einzige Ursache des Kretinism
seyn müsse, beweisen folgende wichtige Gründe:

1) Daß man dieselbe nur in den tiefsten Thälern gebir-
gigter Gegenden antrifft. Jeder, der die Alpen,
oder andre gebirgigte Gegenden bereist hat, wird er-
fahren haben, daß von der Ebne an, wo die Berge
sich zu häufen anfangen, man immer mehr und mehr
in die Höhe kömmt, bis man die mittlere höchste
Reihe der Berge erreicht hat. Dies wird meist von
denjenigen, welche blos für ihr Vergnügen reisen,
nicht beobachtet, weil die Thäler, welche man durch-

wan-

wandert, so unmerklich ansteigen, daß man, ohne
es zu wissen, in wenig Tagen schon eine beträchtliche
Höhe erreicht hat. Sehr auffallend muß dieses ei=
nem jeden seyn, welcher längs dem Rhein die Haupt=
straße von Graubünden durchwandert. Ohne es zu
merken, durchgeht er das angenehme Schamfer=
thal, und den Rheinwald, und befindet sich
dann, wenn er zum Dorf Hinterrhein gekom=
men ist, schon an der Schneegränze. Ich sage die=
ses deswegen, weil, wenn man blos nach seinen eig=
nen Gefühlen urtheilen will, man sich hierin sehr
betrügen kann, — führt man hingegen einen Ba=
rometer mit sich, so wird einem dieses in Rücksicht
auf die Höhe des Ortes die auffallendste Verschieden=
heit zeigen.

Auch ist es eine von denjenigen, welche die Alpen
der Schweiz bereist haben, 24) gemachte richtige Be=
merkung, daß auf der Südseite der großen Zentral=

kette

24) Scheuchzer itinera alpina, iter quartum Tom. 2. p. 280.
Bergmann physikalische Beschreibung der Erdkugel S. 96.

kette der Alpen gegen Italien hin die Thäler tiefer werden, und der Hang der Gebirge viel steiler ist, als auf der entgegengesetzten Seite nordwärts. Es muß also die Luft in den von der Zentralkette der Alpen am meisten entlegnen, und tiefsten Thälern viel dichter seyn, als in jenen, welche der Zentralkette näher, und daher viel höher liegen. Die Dichte der Luft wird um so viel größer seyn müssen in den südlichen Thälern, als in jenen, welche auf der entgegengesetzten Seite nicht so beträchtlich an Tiefe gewinnen. Hierin mag wohl auch die Ursache liegen, warum man in den tiefern Thälern nach Nordwest hin die Kretinen in nicht so großer Menge findet, da die südlichen Thäler den traurigen Vorzug besitzen, sie in größrer Menge, und noch blödsinniger aufweisen zu können.

2) Ein andrer Beweis, daß ich die Ursache des Kretinism in einer sehr feuchten Atmosphäre mit Recht gesucht habe, ist, daß eben diese Thäler mit Wasser gleichsam überschwemmt werden; denn erstens zählt man

F 3 daselbst

daſelbſt ſehr viele, und ſehr beträchtliche Waſſerfälle, welche ſich zu beyden Seiten eines ſolchen Thales von den Felſenwänden der daſſelbe einſchließenden Berge herabſtürzen. Der Fall des Waſſers iſt meiſtens ſenkrecht, und ein großer Theil davon zerſtäubt ſich während des Fallens in unzählige Tröpfchen, welche in großer Menge der Luft anhängen. Es kömmt noch hinzu, daß durch die Gewalt des Falles die Luft mit vieler Heftigkeit in der Nähe einer ſolchen Katarakte bewegt wird, ſo zwar, daß einem, der ſich einem ſolchen Waſſerfalle nähert, das Einathmen ſehr merklich erſchwert, ja aus eben dieſer Urſache der Zugang zu demſelben nur bis zu einer gewiſſen Entfernung zugelaſſen wird. Es iſt alſo bey einem ſolchen Waſſerfalle ein immerwährender Luftzug, und indem, ſo wie die vorige Luftſäule weggedrückt wird, eine neue an ihren Platz tritt, ſo begreift man leicht, wie bey einer großen Anzahl dieſer Waſſerfälle dieſe zwiſchen den Bergen eingeſchloßne Luft mit einer großen Menge Waſſertheilchen ange-

ange-

angefüllt, und gleichsam gesättigt werden müsse.
Man berechne noch daneben die Masse des in diesen
tiefsten Thälern von allen Seiten herunterfließenden
Wassers, so wird man auch die Ursache finden, warum gerade in den tieferen Gegenden die Atmosphäre
feuchter seyn müsse, als in den höheren und auf Bergen.

Um sich von diesen gebirgigten Gegenden einen Begriff zu machen, muß man sich die höchsten Berge als die
mittlere Reihe denken, zu deren beyden Seiten die Höhe
der Berge immer stufenweise abnehme. Die höchsten
Gipfel dieser Zentralkette sind mit ewigem Eis und Schnee
bedeckt, unter welchem beständig starke Quellen und Bäche
hervorlaufen, die unter der Schneegränze die höheren Alp-
thäler und so allmählig die niedrigern erreichen, bey ihrem
Fortlauf aber durch von allen Seiten sich dazu gesellende
Ströme vermehrt werden, deren jeder von seinem hohen
Ursprunge an bis zu seinem Ausfluß in den Hauptstrom beträchtlich angewachsen ist. Man sieht aus dieser Betrachtung, wie sehr diese Ströme, wenn sie die tieferen Thäler
erreicht haben, an Größe zugenommen haben, und wie

F 4   sehr

sehr sie durch das Ausdünsten einer so großen Oberfläche die Atmosphäre mit Wassertheilen anfüllen müssen.

Noch ein merkwürdiger Umstand gehört hieher, nämlich, daß die Anzahl der Bäche, welche den Hauptstrom von allen Seiten her vermehren, um so zahlreicher sich finde, je näher der Strom seinem Ursprunge ist, und dann auch, daß er viel stärker und geschwinder fließt in dem umgekehrten Verhältniß seiner Entfernung von dem Ursprunge. Es ist unglaublich, mit welchem ungeheuren Getöse er sein sehr abhängiges Bett durchströmt, wie sehr die Geschwindigkeit desselben noch durch die von den felsigten Seitenwänden sich herunterstürzenden Wasserfälle vermehrt wird, wie derselbe in geringer Entfernung vom Ursprunge schon ungeheure Felsenstücke in seinem Bette fortwälzt, wie die Fluthen mit fürchterlichem Getöse über die mitten in den Wellen aufgethürmten Felsenstücke herabstürzen, und so mitten im Strome wieder neue Katarakten bilden. Dies alles muß außerordentlich viel zur Ausdünstung und Anfüllung der Atmosphäre mit Wassertheilchen beytragen.

Es

Es ist zwar wahr, daß vermöge der zuletzt angegebnen Ursache nicht in den tiefsten Thälern, sondern vielmehr in den höhern Alpengegenden das Wasser am stärksten ausdünsten müsse, weil dasselbe, obgleich seine Oberfläche in jedem einzelnen Thal lange nicht so ausgedehnt ist, als in dem tieferen, doch viel geschwinder fließt, als wenn es niedrige Gegenden erreicht hat. Allein dieß ist nicht hinreichend, alles das aufzuwiegen, was in den niedrigen Thälern einen so hohen Grad von Feuchtigkeit in der Atmosphäre erhält. Man nehme nur die größre Dichte der atmosphärischen Luft an diesen tieferen Orten, — man weiß, daß dieselbe um so mehr Wassertheile fassen kann, je dichter sie ist, man setze noch hinzu die größre Menge Wassers, welches sich aus allen Quellen der höheren Thäler in solche Gegenden ergießt, und allda zu einem Hauptstrom zusammen kömmt, so wird man sich von dem Unterschiede in Rücksicht auf die Menge der Ausdünstung in hohen und niedrigen Gegenden leicht einen Begriff machen können; man wird dann einsehen, wie aus einer so feuchten Atmosphäre durch die Sauggefäße der Oberfläche des

F 5   Körpers

Körpers eine große Menge Wassertheile aufgenommen, und ins Blut gebracht wird, und wie nothwendig auch die abgeschiednen Säfte ganz mit selben angefüllt werden müssen.

Die große Anhäufung der wässerigen Dünste in den tiefsten Thälern hoher Gebirge wirkt nun auch allgemein auf die Bewohner dieser Gegenden. Nicht alle haben das Unglück, den widernatürlichen Eindruck der Knochen am untern Schädelgrunde zu erleiden, welcher sie des Verstandes und der Denkkraft beraubt, zu Kretinen herabwürdigt; aber es ist keiner, welcher nicht entweder durch einen Kropf, oder eine kleine gestauchte Figur, oder durch einen gebognen Rückgrat, oder durch eine üble Gesichtsfarbe sich auszeichnete. Saussure macht die Bemerkung, daß man in diesen Alpengegenden diese üblen Beschaffenheiten stufenweise antreffe, bis zum höchsten Grade des Kretinism, und daß, wenn irgendwo eines Festes oder Jahrmarkts wegen ein großer Zulauf von Volk wäre, es gar nicht schwer fiele, die Bewohner der tiefen und höheren Gegenden dem äußern Ansehen nach zu unterscheiden. 25)

Außer

25) Saussure l. c. pag. 1183.

Außer den schon angegebnen Ursachen liegt auch wohl noch der Hauptgrund des üblen kachektischen Aussehens dieser Leute darin, daß bey allen denselben, weil sie von einer so feuchten Atmosphäre umgeben sind, die Säfte einen größern Grad von Verderbniß erreichen, eh sie durch die dazu bestimmten Organe, hauptsächlich durch die Lunge und die Haut aus dem Körper geschafft werden können; denn die Luft ist doch diejenige Flüssigkeit, welcher alle durch Haut und Lunge ausdünstende verdorbne Theilchen anhängen, und selbe wird um so weniger im Stande seyn, andre Theilchen aufzunehmen, je mehr sie schon gesättigt ist; wenn also derselben, wie es hier geschieht, viele Wassertheile beygemischt sind, so wird der in dieser feuchten Luft lebende thierische Körper um so viel weniger der Fäulniß nahe kommende Theilchen ausdünsten können; diese werden also im Körper bleiben müssen, und einen viel höhern Grad von Zersetzung und Verderbniß erreichen; es ist also kein Wunder, wenn man bey diesen Leuten eine Gesichtsfarbe bemerkt, welche allen denjenigen eigen ist, bey welchen das Blut und die übrigen daraus abgeschiednen

Säfte

Säfte einen größern Grad von Verderbniß angenommen haben.

Viele, welche gebirgigte Gegenden bereiset haben, wollen die Ursache des Kretinismus von einer besondern Beschaffenheit des Wassers, welches die Bewohner dieser Berge trinken, ableiten, — einige geben dem Eiswasser die Schuld, und diese, wenn ihnen die widernatürliche Veränderung, welche man im Körper der Kretinen findet, bekannt gewesen wäre, könnten mit einem nicht geringen Grad von Wahrscheinlichkeit ihre Meinung unterstützen, wenn sie sagten, daß das Gletscherwasser wohl unter allen das reinste Wasser sey, und die allerwenigsten erdigen Theilchen enthalte, folglich auch schon dadurch die Beugsamkeit der Knochen, weil nämlich der Erdstoff mangelte, bey Kindern hervorbringen, und jenen den Kretinen so eignen Eindruck am untern Schädelgrunde unterhalten könne. Allein, daß es nicht das Eiswasser sey, welches diese Veränderung bewirkt, beweist schon der Umstand, daß man gerade da, wo unter den unermeßlichen Eismassen dieses Wasser hervorsprudelt, auch nicht einen einzigen dieser Un-

glück-

glücklichen antrifft, — man findet sie einzig in den tiefsten Thälern, welche von dem hohen Ursprunge der Flüsse und Bäche sehr entfernt liegen, und in denen folglich das Wasser bey weitem nicht so rein, und von allen fremdartigen Theilen so frey ist, als in den Höhen.

Diese Betrachtung scheint einen unsrer größten Naturforscher bewogen zu haben, die Entstehung der Kröpfe weder dem Schneewasser, noch der Nahrung und Luft zuzuschreiben, ja er führt sogar selbst einen bündigen Grund zur Widerlegung an, — er bemerkt nämlich, daß das Wasser im Oberlande (dem Grindelwalde) aus den nämlichen Quellen, wie das im Wallis, herkomme, da es doch in jenen Gegenden weder Kröpfe hervorbringe, noch anderweitige nachtheilige Wirkungen äußere, welche man so häufig im Walliser Lande beobachtet. 26) Der nämlichen Meinung ist auch Herr Bourrit, 27) er hält gar nicht dafür, daß die Kröpfe der Walliser blos vom Trinken des Eiswassers entstehen; allein eben so ungegründet

mag

---

26) De Luc histoire de la terre, Tom. 2. pag. 311. 74.

27) Voïage Tom. 1. pag. 108.

mag wohl seine Behauptung seyn, daß dieselbe vom Res
genwasser, oder andrem unreinen durch Ueberschwemmung
ausgetretnen und faul gewordnen Wasser herrühre, 28)
da er gewiß nicht im Stande ist, [diese Aussage in Rück=
sicht auf die Bewohner des Augster Thals zu rechtfertigen,
welchen es an gutem und trinkbarem Wasser gar nicht fehlt.

Die unerträgliche Hitze endlich, welche in diesen
Thälern herrscht, wird noch als eine Ursache angege=
ben, welche hauptsächlich günstig seyn soll, alle diese in
den beschriebnen Thälern einheimische Uebel hervorzu=
bringen. 29) Diese sowohl, als die dadurch bewirkten
häufigen Ausdünstungen der vielen Moorgründe sollen be=
sonders in dem Gouvernement Aigle geschickt seyn, den
Kretinism zu erzeugen; 30) allein findet man nicht Kreti=
nen,

28) Ibidem pag. 118.

29) Herr von Haller ist hauptsächlich dieser Meinung zuge=
than, wobey er aber bemerkt, daß bey der unerträglichen
Hitze man immer sehr viele Dünste und einen undurchsich=
tigen weißen Nebel in diesem Thälern bemerke.

30) Historisch geographisch und physische Beschreibung der
Schweiz. Tom. 1.

nen, wo keine faulen Ausdünstungen sind, wie z. B. im Augster Thal, und im Walliser Lande, und wer hat je Kretinen in jenen Gegenden gefunden, wo pestilenzische Ausdünstungen fauler Moräste die Luft vergiften, wie dies z. B. von den pontinischen Sümpfen bekannt genug ist.

Herr Ramond von Karbonnieres, welcher jüngst die Pyrenäen bereist hat, glaubt durch seine auf dieser Reise gemachten Bemerkungen 31) berechtigt zu seyn, alle diese physischen Ursachen, welche man verschiedentlich beygebracht hat, um den Kretinism der Alpen zu erklären, als unzureichend, oder gar als falsch zu verwerfen, weil er sich überzeugt wähnt, daß alle diese Gründe, wenn man sie auf die Tölpel der Pyrenäen anwenden wollte, völlig wegfallen müßten. Alles, sagt er, die nördliche Lage der Thäler, wo man diese Unglücklichen antrifft, weite Becken, ein ofner Boden, eine trockne und gemäßigte Luft, — alles vereinigt sich, die Analogie fehlerhaft zu machen. Im Walliser Lande, in Savoyen und Piemont findet man diese Tölpel

an

---

31) Reise nach den höchsten französischen und spanischen Pyrenäen. S. 235.

an der Mittagsseite, hingegen Herr von Karbonnieres fand
sie nur in den mitternächtlichen Thälern der Pyrenäen.

Was die trockne Luft im Lüchoner Thale anbetrifft,
welche dieser Alpenforscher so sehr rühmt, so zweifle ich sehr,
ob seine Beobachtungen so ganz richtig sind, da derselbe
hievon blos nach seinen eignen Gefühlen urtheilt, und auf
der Reise, die er hier beschreibt, weder mit einem Hy-
grometer, noch mit andern meteorologischen Instrumenten,
wie er selbst in der Vorrede sagt, versehen war. Viel
eher wird man ihm glauben, wenn er uns erzählt, daß
er diese unglücklichen Geschöpfe in den mittäglichen Thälern
nicht angetroffen habe, obgleich in denselben, wie in den
Alpen, die Abhänge weit gäher, die Felsen schroffer, die
Berge in einem merkbaren Zustande der Verwitterung waren, obgleich das Wasser durch Hülfe der Kohlen- oder
Schwefelsäure hier eben so gut eine beträchtliche Menge
Kalkerde auflösen konnte, als in den Thälern der Alpen.
Zur Erzeugung des physischen Zustandes der Kretinen glau-
be ich nichts anders erfoderlich, als enge, tiefe, vor dem
Durchstreichen der Winde geschützte Thäler, worin die At-

-mos

mofphäre durch eine große Menge des darin fließenden, und von den Bergen sich herabstürzenden Gewässers immer einen großen Grad von Feuchtigkeit besitzt; da nun dies eben so gut in den mitternächtlichen Thälern Statt finden kann, wie in den mittägigen, so müssen auch diese zur Erzeugung der Kretinen eben so geschickt seyn, als jene der Alpen. Wenn vielleicht irgend etwas in den auf der Südseite der Alpenkette gelegnen Thälern noch mehr die Entstehung dieses Uebels begünstigen könnte, so wäre es die stärkere Hitze derselben, die häufigern Sonnenstrahlen; welche von den höhern und steilern Bergwänden, die gegen Mittag hin gekehrt sind, in die Thäler zurückgeworfen werden; allein dies kann in den mitternächtigen Thälern der Pyrenäen nicht von gar zu großem Belange seyn, da hier, so wie in den Alpen, und nothwendig in allen Gebirgen der Erde die gewöhnliche Richtung der Thäler der Richtung der Kette entgegengesetzt ist, und wenn die Zentralkette von Südwest nach Nordost streicht, alle große Thäler auf der einen Seite Südost-, auf der andern Nordwestwärts laufen müssen, und folglich wird der einzige Unter-

schied

schied seyn, daß die Sonne des Morgens die nördlichen Thäler bis nach einigen verfloßnen Mittagsstunden bescheint, da sie im Gegentheil die mitternächtigen von den spätern Morgenstunden an bis zum Abend nicht verläßt.

Ja ganz unrichtig ist die Bemerkung des Herrn Raymond von Karbonnieres, daß man in der Schweiz nur an der südlichen Seite der Alpen Kretinen antreffe; sehr irrig glaubt er, daß das Thal, welches das Walliser Land ausmacht, auf der mittägigen Seite der großen Alpenkette gelegen sey. Das ganze Thal liegt an der Nordseite dieser Hauptgebirge, es dreht sich gegen Süden hin gegen den Kamm der in der Zentralkette der Alpen gelegnen Rhodangletscher, der Furka, und Grimsel; die Rhone, welche aus jenen entspringt, und das ganze Wallis durchfließt, hat doch offenbar ihren Lauf nordwestwärts. Man findet also auch in der Schweiz auf der Nordseite der Zentralkette eben so gut diese Tölpel, als auf der Südseite, wie in Savoyen und Piemont.

So richtig übrigens die Bemerkung ist, daß die körperliche Stärke, Behendigkeit und Geistesfähigkeit das

Erbtheil

Erbtheil aller Bewohner der höchsten Gebirge ist, daß hin=
gegen Trägheit, Schwäche und Kretinismus nur jenen
Unglücklichen zum Loos geworden ist, welche die niedri=
gern Thäler bewohnen, — aus jenen physischen Ursa=
chen, welche ich zum Theil schon vorgetragen habe; so
glaubt doch Herr von Karbonnieres, daß die daraus herge=
nommenen Beweise sehr viel an Stärke verlöhren, wenn
man die Bewohner der östlichen und südlichen Seite der
Pyrenäen dagegen hielte, und auf die Tölpel in Bearn
und Navarra paßte eine daher geleitete Erklärung gar nicht.
Ich wünschte sehr, daß von diesem geschickten Naturfor=
scher auf all das gemerkt worden wäre, was ich als Ursa=
che der Blödsinnigkeit und des Kretinismus der Alpenbe=
wohner angegeben habe, — vielleicht daß auch in jenen
Gegenden, welche etwas höher liegen, in Rücksicht
der ausdünstenden Wassermenge, der Lage, Richtung,
und Enge der Thäler die nämlichen Ursachen Statt finden,
welche in den tiefern Thälern der Alpen zusammen kommen,
um alles beyzutragen, die Atmosphäre mit vielem Wasser
zu sättigen.

Nichts

Nichts von all den bisher beygebrachten Gründen,
womit man die physischen Ursachen, welche zur Erzeugung des Kretinism besonders geschickt seyn sollten, zu unterstützen glaubte, konnte diesen gelehrten Bereiser der Pyrenäen befriedigen; er glaubt daher am besten sich von der
ganzen Sache zu machen, wenn er diese Unglücklichen als
verworfne Abkömmlinge einer ausgearteten Menschenrasse auftreten läßt, — er unterstützt seine Meinung dadurch,
weil er dies Uebel nur bey gewissen Familien gefunden hat,
weil diejenigen, welche damit behaftet sind, so weit es uns
erlaubt ist, in die vergangnen Zeiten zurückzusehen, immer zu der verworfensten Klasse der Menschen gezählt wurden, die alle nur ein verächtliches Handwerk trieben, von
der Gemeinschaft ihren' übrigen Mitbürger ausgeschlossen
waren, durch eine besondre Thüre in die Kirche zu gehn
gezwungen wurden, immer die ersten seyn mußten, wenn
etwas Gefährliches zu unternehmen war, welche vor Ge-
richt ungültige Zeugen waren, und auf ihren Kleidern einen Gänse- oder Entenfuß zum Unterscheidungszeichen tragen mußten.

Er

Er hält daher diese mit dem Fluch ihrer Mitbrüder belad=
nen Menschen für die nämlichen, welche in den übrigen Theilen
Galliens unter dem Nahmen der Cagots, Cahets, oder
Caquex bekannt sind, er glaubt, daß sie von den Westgothen
abstammen, welche unter Klodoväus bey Vougle ge=
schlagen, zerstreut, und an die öden, unfruchtbaren Ursprünge
der Flüsse Sevre, und Loire zurückgetrieben worden
seyen, — es wird ihm wahrscheinlich, daß, weil diese Un=
glücklichen sich zur arianischen Sekte anfänglich bekannten,
sie von ihren übrigen Mitbrüdern gehaßt und verworfen, und
daher zu dem niedrigsten Grade von Elend und Armuth
herabgewürdigt worden seyen, in welchem nur Krankheit
und Armseligkeit ihr Loos war. Auf diese Art, meint er nun,
sey es gekommen, daß ihr Körper nach und nach durch
Krankheit entstellt so ausartete, daß sie endlich so tief her=
absanken, wie man sie itzt noch in diesen Gegenden antrifft.
Ich will gar nicht in Abrede seyn, daß nicht Dürftigkeit
und Elend einer Familie oft eine der Ursachen seyn könne,
welche wirklich ein Uebel erzeugen, oder auch unterhalten
können; — nach den Begriffen vielmehr, welche ich von dem

G 3

phhfi=

physischen Zustand der Kretinen gegeben habe, wird es sehr wahrscheinlich, daß diese Krankheit unter denen am meisten herrschen müsse, welchen es an solider Nahrung, an geistigen Getränken, an geräumigen Wohnungen, und an der für die Gesundheit so nöthigen Reinlichkeit fehlt, — man sieht es in unsern Gegenden, daß die Rachitis meistens das traurige Loos der Armen ist, und aus den Beyspielen, die ich aus den Seestädten Hollands hernahm, wird es deutlich, daß gewiß die unterirdischen Wohnungen, welche nur blos den Armen zu Theil werden, alles dazu beytragen, um eine Krankheit zu erzeugen, welche diejenigen, die sie befällt, zu Krüppeln, und für ihr ganzes Leben unglücklich macht. Man sieht also, in wie weit die Armuth die Ursache der Entstehung dieses Uebels seyn kann, und eben so konnte freylich in jenen dunkeln Zeiten die arianische Sekte ein Volk zur Armuth herabwürdigen, welche man als verworfne Ketzerbrut überall haßte, und verstieß.

Auch ist es sehr begreiflich, daß in einer Familie die Anlage zu dieser Krankheit erblich seyn kann; ich habe oben gesagt,

gesagt, daß bey der Rachitis die Gefäße der Eingeweide sehr ausgedehnt würden, daß die Drüsen im Gekröse anschwöllen, daß selbst der Schädel dicker würde, und am Umfang zunähme; u. s. w. Im zweyten Zeitraum der Krankheit ziehen sich zwar die Gefäße wieder in etwas zusammen, die Knochen werden fester, — aber in ihren vorigen Zustand kommen sie nie wieder zurück; wenn wir also nur auf den Unterleib Rücksicht nehmen wollen, so kann bey all denen, welche in ihrer Jugend der Knochenweiche unterworfen waren, in ihrem Alter die Absondrung der Verdauungssäfte wegen den veränderten Organen nicht nach den bestimmten Gesetzen der thierischen Maschine vor sich gehen, und die Verdauung wird mehr oder weniger darunter leiden müssen. Diese Anlage, diese schlechte Organisazion der Eingeweide kann nun der Sohn von seinem Vater ererben, und mit dieser traurigen Erbschaft wird selber nun für eine Krankheit um so empfänglicher werden, welche schon vorher diese widernatürlichen Veränderungen in dem Körper seines Vaters erzeugt hatte. Auf diese Art kann ich mir deutlich erklären, wie die Rachitis vom Vater

G 4

auf

auf den Sohn fortgepflanzt werde, — ich begreife leicht, wie · sie von einem Zeugungsgrad in den andern immer zu= nehmen könne, — auch lerne ich einsehen, wie nach Ver= lauf eines bestimmten Zeitraums diese Krankheit die Men= schen endlich in den jammervollen Zustand versetzen könne, in welchem man nunmehr die Kretinen der Alpen und Py= renäen antrifft. Sobald es also historisch bewiesen ist, daß die ißigen Tölpel der Pyrenäen wirkliche Abkömmlinge der Westgothen sind, so will ich gerne zugeben, daß der allgemeine Haß ihrer Mitbürger, und die daraus entstandne Dürftigkeit diese Geschöpfe in den bedaurungswürdigsten Grad von Elend zurücksetzen konnte; aber offenbar ists bey alle dem doch, daß das Land, welches sie bewohnten, das meiste dazu beygetragen hat, dieselben so tief unter ihre Mit= menschen herabzuwürdigen. Ich glaube sowohl die Art, wie eine solche widernatürliche Veränderung geschehen sey, als die Ursachen, welche dieselbe hervorbrachten, deutlich aus einander gesetzt zu haben, so, daß ich mich nur dar= auf zu berufen brauche, um meiner Meinung denjenigen Grad von Wahrscheinlichkeit zu geben, welchen jeder Un=

befangne

befangne bey Erwägung des oben Gesagten fühlen muß.

Ich kann indessen doch, so wahrscheinlich auch manche die Meinung des Herrn Ramond finden werden, meine gegründeten Zweifel nicht bergen: 1) Ob es wirklich richtig sey, daß man den Kretinismus der Pyrenäen nur in gewissen Familien antreffe? 2) Ob eine gewisse Anzahl von Generazionen dazu gehöre, diesen Zustand hervorzubringen, welchen man als den wahren Kretinismus nicht leicht verkennen kann?

Meine über diese beyden Stücke von den Bewohnern selbst jener Alpen, die ich bereiste, eingeholten Aufschlüsse, belehrten mich geradezu vom Gegentheil, — diese wissen aus der Erfahrung: 1) daß oft Kinder mit diesem Uebel befallen werden, deren Aeltern davon ganz frey waren, und deren Familie bis hiehin noch gar keinen Kretinen aufzuweisen hatte; 2) daß eben diese Kinder gleich mit dem höchstmöglichsten Grade des Kretinismus behaftet werden; 3) daß alle jene Kinder, die man in ihrer ersten Jugend auf die Höhen der Gebirge schickte, selbst diejenigen, bey

G 5 welchen

welchen man schon Spuren des anfangenden Uebels deut:
lich gewahr ward, gänzlich von demselben befreyt blie:
ben. — Wie wär es aber möglich, daß eine Krankheit,
welche so tiefe Wurzel gefaßt hätte, so bald getilgt werden
könnte, da es doch eine bey Naturforschern ausgemachte
Sache ist, daß kein Uebel, welches zu erzeugen Genera:
zionen erfoderte, blos durch Wegräumung der Gelegen:
heitsursache geheilt werden könne? — Es ist vielmehr
durch Erfahrungen bestätigt, daß selbst unter den günstig:
sten Umständen nur nach und nach, und mit jedem Zeu:
gungsgrad das Uebel mehr und mehr vermindert werde,
bis es endlich gänzlich aufhöre, und daß dann erst alle
Ausartung völlig getilgt sey, wenn man wieder eben so
viele Stufen von Zeugungen zurück gelegt hat, als erfoder:
lich waren, den Körper in einen solchen Zustand zu ver:
setzen. Man wird nie finden, daß eine schon durch Ge:
nerazionen eingewurzelte Abart blos durch Hinwegräumung
der erzeugenden Ursache wieder in ihren vorigen Zustand zu:
rückkehre, ja man weiß sogar, daß lange durch Gewohn:
heit fortgesetzte Gewaltthätigkeiten auf den Körper endlich

Haupt:

Hauptkaraktere eines ganzen Volks gebildet haben, welche noch in den Abkömmlingen zurückblieben, obgleich jene Gewohnheiten gänzlich aufhörten. Dies meldete schon der alte Hippokrates 32) von den schmalköpfigten Bewohnern der Küste des Pontus Euxinus, und es ist sehr wahrscheinlich, daß verschiedne Menschenrassen solchen Gebräuchen ihren Ursprung zu danken haben. 33) Ich zweifle nun nicht, daß die nämlichen Versuche, welche man in den Alpen mit diesen Unglücklichen angestellt hat, auch in den Pyrenäen die nämlichen Resultate liefern wer‐ den, — ich bin vielmehr überzeugt, daß selbst die von solchen Elenden erzeugten Kinder, wenn man sie gleich in der Jugend in andre Gegenden brächte, nie in solche blöd‐ sinnige, verstandslose Geschöpfe ausarten würden.

Und sey es auch, wir wollen zugeben, daß dieses Uebel bey den Bewohnern des Lüchoner Thals und der

andern

32) Lib. de aere, aquis et locis.

33) In Rücksicht der Beweise verweise ich auf Blumenbach in seiner Schrift: De nisu formativo, et generationis nego‐ tio, in Commentat. regiae Soc. Sc. Goett. Tom. 8. p. 60‐65.

andern Thäler der Pyrenäen so eingewurzelt sey, daß Ge=
nerazionen dazu gehörten, auch unter den günstigsten Um=
ständen dies Uebel auszurotten, so hat doch dieser gelehrte
Forscher noch lange nicht erklärt, wie dasselbe unter diesen
Leuten entstanden ist, wie es sich von einer Generazions=
stufe zur andern habe vermehren können, — es bleibt dem=
selben noch übrig, aus einander zu setzen, warum gerade
unter den Bergbewohnern diese Verunstaltung einheimisch
sey, welche physischen Ursachen selbs in dem Stammvater
dieser ausgearteten Menschenrasse hervorgebracht haben,
und welche dieses Uebel in seinen Abkömmlingen noch im=
mer unterhalten, wie Armuth und Dürftigkeit die entfern=
teren Ursachen dieses widernatürlichen Zustandes seyn
konnten.

All dieses zu erklären, war der Gegenstand dieser
kleinen Abhandlung, und ich bin überzeugt, daß die Ra=
chitis die Ursache, und die am Schädelgrund gefundne wi=
dernatürliche Vertiefung die Wirkung derselben sey, und
als der erste und wesentliche Karakter eines Kretinen ange=
sehen werden müsse, aus welchem alle andern in dem Körper
dieser

dieser Elenden hervorgebrachten Veränderungen nothwendig fließen, wie ich diese denn auch meistens daher geleitet habe. Die erste Ursache aber, welche diese Krankheit erzeugen konnte, muß nothwendig als einheimisch in den gebirgigten Gegenden selbst liegen, in welchen man nur allein jene Unglücklichen antrifft; ich suchte diese in den häufigen Dünsten, welche aus der großen Wassermenge in die zwischen den Gebirgen eingeschloßne Luft aufsteigen.

Bey dem allen aber möchte doch manchem meiner Leser der sehr gegründete Zweifel aufstoßen, ob wohl der Kretinismus mit Grund unter die rachitischen Krankheiten gezählt worden sey, — man wird mich fragen, warum man denn nur in den Alpen diese besondern Zufälle, und warum man dieselben allda so häufig antreffe, — wie es komme, daß man in jenen Ländern, wo doch die Rachitis so sehr allgemein herrsche, die aber auf Ebenen liegen, nie denjenigen Grad von Blödsinnigkeit und innerer Stumpfheit gewahr werde, welche bey jenen Alpenvölkern mit dieser Krankheit immer verknüpft ist? ——

Es

Es leidet keinen Zweifel, daß nicht der eingedrückte Schädelgrund die Haupturſache aller der Erſcheinungen ſey, welche die Kretinen ſo ſehr von allen übrigen, die mit einer ähnlichen Krankheit behaftet ſind, unterſcheiden. Bekannt iſts, daß alle Rachitiſchen auch dann, wenn die Knochenweiche ganz verſchwunden iſt, doch mehr oder min- der träg, blödſinnig und ſchwächlich bleiben, ſelbſt jene, die im erſten Zeitraum der Krankheit wegen dem leicht aus- dehnbaren Schädel durch ihred urchdringenderen Verſtands- kräfte und leichtere Faßlichkeit ein frohes Bewundern ihrer Aeltern und Anverwandten erregten ; weil entweder mit dem Verlauf der Krankheit ihre Schädel widernatürlich eingebogen, oder gar verdickt wurden, wodurch ſich dem entwickelnden Gehirne zu enge Gränzen ſetzten, — doch in keinem von unſern Rachitiſchen wird man jenen Ein- druck an der untern Seite des Schädelgrundes, den man bey Kretinen findet, antreffen, — bey keinem wird man jene widernatürliche Einbeugung beobachten, welche den edelſten Theil des Gehirns ſo gewaltſam zuſammen preßt, und ſelbſt auf die Urſprünge der Nerven den ſchädlichſten Druck

Druck verursacht, — man wird daher auch bey keinem, der an der Rachitis leidet, jenen hohen Grad von Stumpfheit und Schwerfälligkeit antreffen, als bey den Kretinen.

Ich hatte dieses schon geschrieben, als ein glücklicher Zufall mir die Gelegegenheit darbot, den Kopf eines Kindes zu untersuchen, welches an dieser Krankheit in einem hohen Grade litte. Dies Kind hatte beynahe zwey Jahre erreicht, und man traf dennoch viele Knochen noch weich und biegsam, — der Kopf hatte schon beträchtlich an Umfange zugenommen, so daß ich hier sehr große Vermuthung hatte, all das, was ich in Ansehung auf die Verunstaltung der Kretinen behauptet hatte, durch ein Beyspiel aus unserm Lande bestätigt zu sehen. Ich betrog mich nicht, und sah wirklich auch an einem von unsern rachitischen Kindern deutliche Spuren eines anfangenden Uebels, welches ich für nichts anders, als für einen geringern Grad des Kretinismus halten konnte. Ich halte es sehr der Mühe werth, diesen merkwürdigen Schädel etwas genauer zu beschreiben. Die Form desselben ist ganz unregelmäßig, und auf der rechten Seite sieht man nach hinten eine beträchtliche

che

che Hervorragung, welche sich gerade in der Mitte der
Nath, die das Scheitelbein dieser Seite mit dem Hinterhauptsbein verbindet, zu erheben anfängt. An der nämlichen Stelle sieht man einen großen überzähligen Knochen,
welcher die Gestalt eines Trapeziums hat, und einen Zoll
in der Länge, und eben so viel in seiner größten Breite
enthält, sich dazwischen legen. Von der Mitte des Schei-
telbeins sieht man zu beyden Seiten noch eine kleinere Nath
die Scheitelbeine selbst theilen, welche Theilung bis auf
einen Zoll weit in diesem Knochen fortgeht. Kein einziges Bein dieses Kopfs schließt völlig an das andre, sondern die Zacken der Näthe berühren sich kaum, und man
ist im Stande, zwischen denselben durchzusehen. An den
beyden Schläfenbeinen sieht man offenbar den Ansatz der
überzähligen Knochenlamelle. Wo sich das Hinterhauptsbein nach unten zu beugt, um den Schädelgrund zu bilden, bemerkt man noch deutliche Spuren der Trennung
der Gelenktheile von dem Hinterhauptstück, und die Gelenktheile sind mit dem Grundfortsatz, und dieser mit dem
Keilbeinkörper noch gar nicht verwachsen, sondern hängen

noch

noch durch Zwischenknorpel zusammen. An der Stelle, wo man noch die Trennung der Gelenktheile vom Hinter= hauptsstücke sieht, fängt der Knochen merklich an, einge= drückt zu werden, und dieser Eindruck setzt sich bis zu den Gelenkfortsätzen fort, so, daß wirklich das große Loch sich einwärts nach der Schädelhöle dreht. Die Gelenkfortsätze sind etwas in die Länge gezogen, und das Hinterhaupts= loch hat selbst eine länglichte nach hinten zugespitzte Gestalt. Auch die Richtung des Grundfortsatzes nähert sich um ein Beträchtliches der wagerechten Ebne.

Auf der linken Seite hat das unregelmäßige Loch, wodurch die Drosselblutader und das achte Nervenpaar steigt, seine gewöhnliche Größe, — auf der rechten Sei= te aber ist diese Oefnung sehr merklich verengert. Die Oefnung hinter den Gelenkfortsätzen, wodurch eine Blut= ader aus dem Seitenblutbehälter kömmt, (foramen condy-loideum posterius) ist auf der linken Seite sehr zusammen= gedrückt; auf der rechten Seite hingegen fehlt dieselbe ganz, — man findet dagegen auf eben dieser Seite die Oefnung, welche an der Nath des Zitzentheils der Schlä=

H   fen=

fenbeine und des Hinterhauptsbeins den Schädel durchbohrt, und durch die ebenfalls eine Vene aus dem nämlichen Seitenblutbehälter dringt, sehr erweitert, und sogar noch eine beträchtliche Furche im Knochen, worin diese Blutader ihren Lauf fortsetzt. Man sieht aus der Beschreibung dieses rachitischen Kindes, wie sehr der veränderte Bau des Schädels mit jenem eines Kretinen übereinkomme, und wird mithin zugeben müssen, daß der Kretinismus nur im Grade, nicht in der Wesenheit von der Rachitis verschieden sey.

Ich muß es eingestehen, daß ich, wenn ich nicht den eben beschriebnen Schädel erhalten hätte, nicht im Stand gewesen wäre, völlige Gewißheit in dieser Sache zu verbreiten, und die Ursache zu erörtern, welche nur jene Unglücklichen mit dem harten Schicksal einer Verunstaltung an dem edelsten Theile ihres Körpers bestraft, wovon man nichts Aehnliches an unsern Rachitischen wahrnimmt; — izt scheint es mir aber ausgemacht, daß die nämliche

Ursache,

Urſache, welche hier und überall die Rachitis hervorbringt, bey den Kretinen zwar dieſelbe ſey, aber viel ſtärker und anhaltender auf ſie wirken müſſe, als auf die Rachitiſchen andrer Länder; denn 1) iſt ſelbſt in den Kellern und unterirdiſchen Wohnungen in Amſterdam die Luft nicht ſo ſehr mit Waſſertheilen überladen, als in den tiefen Thälern der Alpen, hier ſtürmt von allen Seiten das Waſſer herbey, hier ſammeln ſich die Bergſtröme aus allen höheren Thälern, der große daraus entſtandne Strom wälzt ſich mit vieler Geſchwindigkeit im Thale fort, und wird noch dazu durch beträchtliche, ſich mit der größten Heftigkeit von den Felſenwänden beyder Bergreihen, welche das enge Thal einſchließen, ſich herunterſtürzende Waſſerfälle vermehrt. Dies alles findet man bey uns nicht, wir wohnen auf Ebnen, — enge Gaſſen, feuchte Häuſer, und unreine Wohnplätze ſind allein die Urſachen dieſer Krankheit, wie ſehr unterſchieden von jenen, wo ganze Thäler mit einer Luft angefüllt ſind, welche mit Waſſertheilen gleichſam ge-

ſättigt

sättigt ist. 2) Muß man wohl erwägen, daß die Rachitischen in großen Städten und Seehäfen nicht immer in ihren
feuchten Wohnungen eingeschlossen bleiben, — man öffnet
die Fenster und Thüren, man trägt die Kinder öfters an
die freye Luft heraus, welches alles in jenen Thälern, worin die Kretinen erzeugt werden, nicht Statt findet; diese
bleiben für immer in denselben, und die nämliche Krankheitsursache, welche in diesen Gegenden viel größer ist,
wirkt auch viel anhaltender auf die Körper dieser Elenden. 3) Mag auch wohl die bessere und solidere Kost der
Mütter und der Kinder, welche Dürftigkeit zwar in engen
und feuchten Wohnungen eingeschlossen hält, in andern Gegenden viel dazu beytragen, dieses Uebel zu mindern, —
man weiß dagegen, wie armselig die Bergbewohner leben. 4) Endlich trägt wohl nichts so sehr dazu bey, die
Atmosphäre mit einer Menge von Dünsten anzufüllen,
als die in den tiefen Alpenthälern herrschende unerträgliche Hitze, besonders in jenen Tagen, wo die geraden

Son-

Sonnenstrahlen von den kahlen Felsenwänden zurückgeprellt, und im Thale selber gesammelt werden; all dies findet in ebnen offnen Gegenden, und in Städten nicht Statt, — es muß also auch in diesen die Feuchtigkeit der Luft bey weitem nicht so groß seyn, als in den tiefern Thälern der Alpen.

Es ist dieses, wie ich glaube, hinreichend, zu beweisen, daß der Kretinismus durch die nämlichen Ursachen hervorgebracht werde, welche die Rachitis erzeugen, mit dem einzigen Unterschiede: daß diese Wirkungen in den tiefern Gegenden der Gebirge viel auffallender seyn müssen, weil die angegebnen Ursachen viel heftiger und anhaltender wirken.

Die Weiche der Knochen des Schädels hält bey denjenigen, welche das traurige Schicksal haben sollen, zu Kretinen herabgewürdigt zu werden, viel länger an; da bey Kindern auf ebnen Gegenden nur bis zum zweyten oder

dritten

dritten Jahre die Knochen weich bleiben, so dauert dieser
Zeitraum bey jenen vielleicht bis zum achten, ja zehnten
Lebensjahre; — der Kopf nimmt indessen beständig an
Größe zu, und im nämlichen Verhältniß gewinnt derselbe
auch mehr Schwere; da er nun vermittelst seines ganzen
Gewichts nach unten zu drückt, wo selber durch die Rückensäule getragen wird, — so ist es kein Wunder, wenn er
endlich an den Stellen nachgibt, welche diesem Druck den
geringsten Widerstand entgegensetzen. Die weicheren und
nachgiebigern Stellen in diesen Köpfen nun sind diejenigen,
wo die Theile des noch nicht in einen Knochen zusammen-
gefloßnen Hinterhauptsbeins durch knorpelichte Vereinigun-
gen zusammenhängen, nämlich da, wo das Hinterhauptsstück
an die beyden Gelenktheile, und diese an den Grundfortsatz verbunden werden; zwischen diesen beyden weichen
und nachgiebigen Stellen, nämlich auf den Gelenktheilen
ist nun der Kopf gestützt, — diese beyden Knochen würden
also nach oben hin gedrückt werden müssen, — weil aber

die

die Gelenktheile nur nachgeben, ohne daß dadurch ihr Zu=
sammenhang mit dem Grundfortsaß des Hinterhauptsbeins
getrennt wird, und da zugleich eben dieser Fortsaß mit
dem Körper des Keilbeins nur noch durch eine biegsame
Knorpelvereinigung zusammenhängt, so werden diese wei=
chen Verbindungen etwas aus einander gezogen, die beyden
Gelenktheile weichen bis zu einer Vertikalrichtung nach hin=
ten, indem zu gleicher Zeit der hintere untere Theil des
Grundfortsaßes bis zu einer wagerechten Ebne nach oben
hin gedrückt wird.

Diese einzige Veränderung ist es, welche den Kreti=
nen erzeugt, — hiedurch verliehrt er seine Verstands=
kräfte, seine Sprache, seine Empfindlichkeit, — er wird
träge, schwerfällig, und scheint nun gar nicht mehr zu ei=
ner Gattung zu gehören, wovon er kaum noch das äußre
Gepräge hat. Bey den Rachitischen in andern Gegen=
den hält die Weiche und Beugsamkeit der Knochen nie so
lange an, daß der an Masse und Gewicht zunehmende

Schä=

Schädel ihn einzudrücken im Stande wäre; vielmehr werden bey diesen Kindern die Knochen bald wieder hart und fest, und sichern also dieselben vor einem Uebel, welches auf Körpers- und Geisteskräfte den traurigsten Einfluß hat.

Erklä-

Erklärung der Kupfertafel.

Erste Figur.

Zeigt den Kopf eines Kretinen, der senkrecht durchge=
sägt ist.

A. Das mit einem Sägeschnitt getheilte Stirnbein,
worin man in der Mitte die linke Stirnhöhle
sieht.

B. Den durchgesägten Keilbeinkörper, und in der Mitte
die Schleimhöhle des Keilbeins.

C. Das durchgeschnittne Hinterhauptsbein.

D. Die mittlere Scheidewand der Nase.

E. Die innere Gehirnhöhle, worin man sehr starke
Eindrücke von den Blutgefäßen bemerkt.

F. Der

F. Der Felſentheil des Schläfenbeins, den man wegen dem verſchobnen Grundfortſatz des Hinterhauptsbeins nur halb ſieht.

Dieſe Theile findet man alle in ihrer natürlichen Geſtalt und Lage; hingegen ſieht man von

a bis c. den Durchſchnitt des Hinterhauptslochs, welches beynahe eine vertikale Richtung hat.

b. Den Gelenkfortſatz, der ganz nach vorne hin gekehrt iſt.

d. Die vordere Oefnung ober dem Gelenkfortſatz (foramen condyloideum anterius), wodurch der mittlere Zungennerve ſteigt.

c bis e. Den in die Höhe gedrückten Grundfortſatz, welcher mit dem Körper des Keilbeins in einer wagerechten Linie ſieht.

f. Den Seitenblutbehälter, welcher eine viel ſtärkere und größere Furche im Knochen zurückgelaſſen hat.

Zwote

Zwote Figur.

Stellt den untern Schädelgrund des Kopfes eines Kretinen vor.

Man bemerkt an selbem diejenigen Theile in ihrer natürlichen Gestalt und Lage, welche ich nicht bezeichne; das
gegen findet man

AA bis BB, den untern Theil des Hinterhauptsbeins,
welcher sich nach hinten, wo das große Hinterhauptsloch anfängt, an AA, sich umbeugt, und
in fast senkrechter Richtung bis BB, hinaufsteigt.

BB. Die nach vorne hin gewandten Gelenkfortsätze.

C. Den tief versenkten Grundfortsatz des Hinterhauptsbeins.

DD. Die beynahe ganz verschloßne unregelmäßige
Oefnung, die zum Durchgang der innern Drosselblutader, und dreyer Nervenpaare dient,

EE.

E.E. Die sehr erweiterten Oefnungen (foramina ma-
stoidea posteriora), wodurch eine Blutader aus
bem Seitensinus geht.

FF. Die foramina condyloidea anteriora, welche von
außen sichtbar werden.

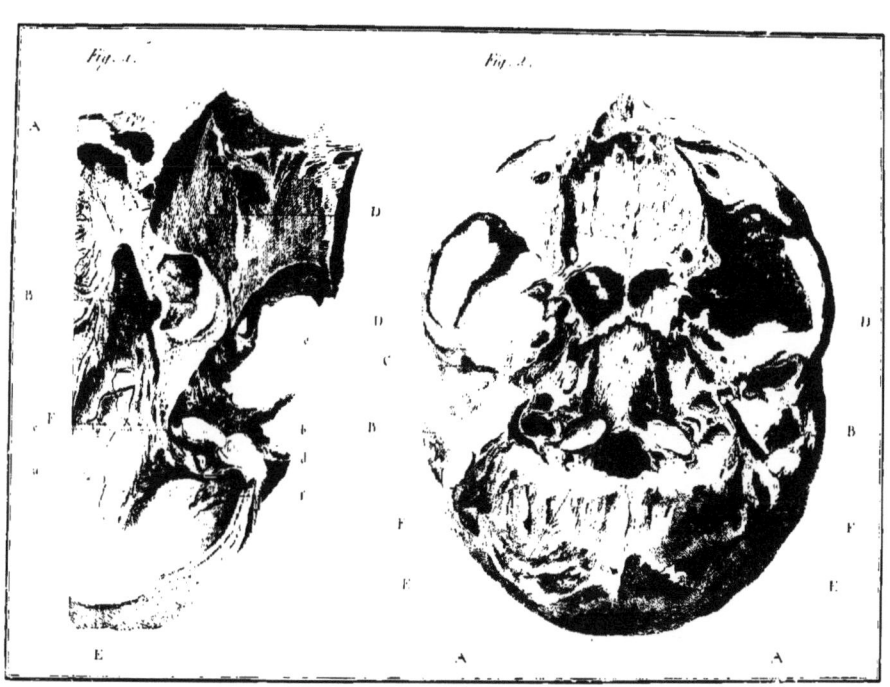